बिंदो का लड़का

बिंदो का लड़का

शरतचंद्र चट्टोपाध्याय

प्रकाशक

प्रभात प्रकाशन प्रा. लि.

4/19 आसफ अली रोड, नई दिल्ली–110002

फोन : 011–23289777 • हेल्पलाइन नं. : 7827007777

इ–मेल : prabhatbooks@gmail.com ❖ वेब ठिकाना : www.prabhatbooks.com

संस्करण

2025

पेपरबैक मूल्य

तीन सौ रुपए

मुद्रक

श्री साई प्रिंटर्स, साहिबाबाद

BINDO KA LADKA

novel by Sarat Chandra Chattopadhyay

Published by **PRABHAT PRAKASHAN PVT. LTD.**

4/19 Asaf Ali Road, New Delhi-110002

ISBN 978-93-5266-270-8

₹ 300.00 (PB)

एक

इसे वे ही नहीं बल्कि बाहर के लोग भी भूल गए थे कि यादव मुखर्जी और माधव मुखर्जी दोनों सगे भाई नहीं हैं। जाने कितनी तकलीफें उठाकर बेचारे यादव मुखर्जी ने अपने छोटे भाई माधव को कानून की शिक्षा दिलाई थी। बड़ी मेहनत व कोशिशों के बाद कहीं वे धनी-मानी जमींदार की एकमात्र संतान, पुत्री बिंदुवासिनी को अपनी भ्रातृ बहू बनाकर घर में लाए थे। बहू बिंदुवासिनी बहुत ही रूपवती थी, असाधारण सुंदरी। पहले ही दिन जब बहू बिंदुवासिनी अपना बेजोड़ रूप तथा दस हजार रुपयों के प्रामेसरी नोट लेकर घर में आई थी तब बड़ी बहू अन्नपूर्णा की आँखों से आनंद के आँसू लुढ़कने लगे थे। घर में सास-ननद तो थी नहीं। वे ही घर की मालकिन थीं। उसी दिन छोटी देवरानी का मुँह अपने हाथों से ऊपर उठाकर उन्होंने जाने कितने गर्व से पड़ोसिनों के सामने कहा था 'घर में बहू आवे तो ऐसी! हूबहू लक्ष्मी का रूप।'

मगर दो ही दिनों में उन्हें पता लग गया कि उनका सोचना गलत था। दो ही दिन में सर्वविदित हो गया कि बहू अपने साथ जिस नाप-तौल से रूप व रुपया लाई है उससे कई गुना ज्यादा अहंकार व अभिमान भी साथ लेती आई है। फौरन ही बड़ी बहू ने अपने पति को एक ओर बुलाकर कहा, 'क्यों जी, क्या रूप और रुपयों की गठरी को ही देखकर बहू को ले आए

थे, जाना-पहचाना भी था? यह तो काली नागिन है, नागिन!'

यादव को पत्नी की बात पर विश्वास न आया। वे चुपचाप सिर खुजलाते हुए कई बार 'सो तो—सो तो' कहकर कचहरी चले गए।

यादव बहुत ही शांत व गंभीर प्रकृति के आदमी हैं। ये जमींदार के यहाँ कारिंदा थे। घर आते ही पूजा-पाठ में लीन हो जाते थे। माधव तो यादव से उम्र में दस साल छोटा था। अभी-अभी वकालत पास करके अपना कारोबार शुरू किया है।

इसके सिवा और एक मुसीबत थी कि छोटी बहू पर काबू रखना भी आसान काम न था। उसे एक प्रकार के भयानक फिट की बीमारी थी और 'फिट' का दौरा आने पर उसकी ओर देखना तो कठिन ही था, साथ ही डॉक्टर को बुलाए बिना और कोई रास्ता भी न था।

माधव ने भी एक दिन भाभी से कहा, 'भाभी, क्या भैया के लिए रुपया ही सबकुछ हो गया है? दो दिनों बाद तो मैं भी वकालत से रुपया कमाकर ला ही सकता था।'

बेचारी अन्नपूर्णा चुप ही रही।

इसके सिवा और एक मुसीबत थी कि छोटी बहू पर काबू रखना भी आसान काम न था। उसे एक प्रकार के भयानक फिट की बीमारी थी और 'फिट' का दौरा आने पर उसकी ओर देखना तो कठिन ही था, साथ ही डॉक्टर को बुलाए बिना और कोई रास्ता भी न था। इसलिए सबके मन में यही धारणा बैठ गई थी कि ऐसे दिखावटी ब्याह में बहुत बड़ी गलती हो गई। सिर्फ यादव ने अभी तक हिम्मत नहीं छोड़ी थी। वे सबका विरोध करके कहते, 'नहीं जी, जरा रुको तो, तुम लोग बाद में देखना। मेरी बहू साक्षात् जगदंबा का रूप है। क्या वह बिल्कुल बेकार हो जाएगा? ऐसा कैसे होगा?'

फिर एक दिन देखा कि घर में कोई बात हुई होगी कि छोटी बहू उदास मुँह लटकाए बैठी थी। अन्नपूर्णा बहुत डरी। अचानक उसे जाने क्या

सूझा कि वह भागकर गई और अपने कमरे में सोते हुए अपने डेढ़ साल के बच्चे को उठा लाकर बिंदो की गोद में डाल दिया और वहाँ से चली गई।

बच्चा अमूल्यचरण कच्ची नींद में जागकर रो पड़ा।

बिंदो ने अपने को सँभाला और बच्चे को छाती से लगाकर कमरे में चली गई।

छिपकर अन्नपूर्णा सब देख रही थी। बिंदो के फिट की इस महाऔषधि की खोज से वह बहुत प्रसन्न थी।

एक प्रकार से पूरी गृहस्थी का संपूर्ण भार अन्नपूर्णा पर ही था। इससे वह ठीक से बच्चे की देखभाल न कर पाती थी। और अगर दिन भर के काम-काज के बाद रात को उसे सोने को न मिले तो वह और भी बीमार हो जाती है। इसीलिए बच्चे का भार अपने ऊपर उठा लिया है छोटी बहू ने!

एक प्रकार से पूरी गृहस्थी का संपूर्ण भार अन्नपूर्णा पर ही था। इससे वह ठीक से बच्चे की देखभाल न कर पाती थी। और अगर दिन भर के काम-काज के बाद रात को उसे सोने को न मिले तो वह और भी बीमार हो जाती है। इसीलिए बच्चे का भार अपने ऊपर उठा लिया है छोटी बहू ने!

लगभग एक महीने बाद एक दिन सवेरे-सवेरे बिंदो बच्चे को गोद में लिए रसोईघर में गई, 'जीजी, बच्चा का दूध कहाँ रखा है?'

'एक मिनट ठहर जा बहन, अभी देती हूँ।'

तभी बिंदो की नजर बच्चे दूध पर पड़ी। वह नाराज हो गई। उसने तेज आवाज में कहा, 'मैंने कल ही कह दिया था न कि मुझे आठ ही बजे दूध मिल जाना चाहिए। लेकिन आठ ही नहीं अब तो नौ बज गए। अगर इतने में ही तुम्हें कष्ट होता है तो साफ-साफ कहो न। मैं कोई और प्रबंध करूँ।' फिर मिसरानी की ओर घूमकर बोली, 'क्यों मिसरानी जी, तुम्हें भी इतना होश नहीं रहता। घर के लिए जो पाक हो रहा है उसे क्या दो मिनट बाद करने में बड़ी घटी हो जाती!'

मिसरानी चुप रही। अन्नपूर्णा बोल पड़ी, 'तेरी तरह ही अगर सिर्फ लड़के को काजल लगाना और टीका देना ही दिन भर का काम हो तो जरूर होश रहे। क्या एक मिनट की भी देरी बरदाश्त नहीं है छोटी बहू ?'

उत्तर में छोटी बहू बोली, 'तुम्हें बहुत बड़ी कसम है जो कभी तुमने अब लल्ला के दूध से हाथ लगाया और मुझे भी कसम है जो कभी तुमसे कहूँ।'

कहते हुए छोटी बहू ने लल्ला को धम्म से जमीन पर बैठाकर दूध की कड़ाही चूल्हे पर चढ़ा दी। यह सब देखकर अमूल्य जोरों से रो उठा। और उसका रोना था कि बिंदो ने उसके गाल पर रगड़ देकर कहा, 'चुप रह बदमाश। अगर चिल्लाया तो मार ही डालूँगी।'

मिसरानी चुप रही। अन्नपूर्णा बोल पड़ी, 'तेरी तरह ही अगर सिर्फ लड़के को काजल लगाना और टीका देना ही दिन भर का काम हो तो जरूर होश रहे। क्या एक मिनट की भी देरी बरदाश्त नहीं है छोटी बहू?' उत्तर में छोटी बहू बोली, 'तुम्हें बहुत बड़ी कसम है जो कभी तुमने अब लल्ला के दूध से हाथ लगाया और मुझे भी कसम है जो कभी तुमसे कहूँ।'

सुनकर घर की महरी दौड़ी और बच्चे को गोद में उठाने लगी कि बिंदो ने डाँटा, 'दूर हो जा तू मेरे सामने से।'

महरी सिटपिटाकर खड़ी ही रह गई।

बिंदो चुपचाप लल्ला को गोद में लेकर दूध गरम करके लेकर चली गई तो वह बोली, 'सुना मिसरानी, इसकी बातें! उस दिन जरा हँसी में ही मैंने कहा था कि अमूल्य को तू ले ले। उसी के जोर पर मुझे भी कसम खवा गई है आज।'

और अन्नपूर्णा का लड़का बिंदो की गोद में रहकर जिस तरह बढ़ने लगा कि परिणाम यह हुआ कि वह चाची को 'माँ' और माँ को 'चाची' कहने लग गया।

दो

और चार साल बीत गए। अमूल्य का बड़े धूमधाम से विद्यारंभ कराया गया। इसके दूसरे ही दिन अन्नपूर्णा रसोईघर में फँसी थी तभी बाहर से बिंदो ने पुकारा, 'जीजी, लल्ला पाँव छूने आया है, जरा बाहर तो आओ।'

बाहर आकर लल्ला का ठाठ देखकर अन्नपूर्णा आश्चर्यचकित सी रह गई। आँखों में काजल, माथे पर टीका, गले में सोने की जंजीर, सिर पर बालों की चोटी, पीली रंगीन धोती, हाथ में मिट्‌टी की दवात, बगल में छोटी सी चटाई और ताड़पत्र!

बाहर आकर लल्ला का ठाठ देखकर अन्नपूर्णा आश्चर्यचकित सी रह गई। आँखों में काजल, माथे पर टीका, गले में सोने की जंजीर, सिर पर बालों की चोटी, पीली रंगीन धोती, हाथ में मिट्‌टी की दवात, बगल में छोटी सी चटाई और ताड़पत्र!

बिंदो ने कहा, 'जीजी के पाँव छू ले बेटा।'

अमूल्य ने अपनी जननी को प्रणाम किया।

अन्नपूर्णा ने हँसकर कहा, 'बहू, तुझे इतना सब आता है। बच्चा पढ़ने जा रहा है शायद!'

'हाँ जीजी, गंगा पंडित की पाठशाला में जा रहा है। आशीर्वाद दो कि आज का दिन इसके लिए सार्थक बने।' फिर नौकर से बोली, 'अरे भैरों, पंडितजी से मेरा नाम लेकर ठीक से कहना कि लल्ला को कोई मारे-पीटे नहीं। और जीजी, यह पाँच रुपए लो, जिसे सीधे पर रखकर कदम से पंडितजी के पास भेज दो।' कहते हुए उसने बड़े प्यार से लल्ला को उठाया और चूम लिया।

यह देखकर जाने क्यों अन्नपूर्णा की दोनों आँखें गीली हो गईं। उसने धीरे से कहा, 'उसे तो लल्ला से ही छुट्‌टी नहीं, हर समय परेशान रहती है। यह तो कहो कि पेट में नहीं रखा, नहीं जाने और क्या करती!'

मिसरानी बोल उठी, 'अठारह–उन्नीस की तो है ही और इसी से शायद भगवान् ने नहीं दिया··· ।'

तभी लल्ला को लिए बिंदो लौट पड़ी। बोली, 'जीजी, क्या जेठजी से कहकर अपने ही मकान पर एक पाठशाला नहीं खुलवाई जा सकती? मैं सब खर्च सँभाल लूँगी।'

अन्नपूर्णा हँसी, बोली, 'अभी से मन बदल गया। बल्कि तू भी जाकर पाठशाला में बैठी रह।'

अन्नपूर्णा हँसी, बोली, 'अभी से मन बदल गया। बल्कि तू भी जाकर पाठशाला में बैठी रह।' शरमाकर बिंदो हँस पड़ी। 'मन नहीं बदला जीजी। लेकिन आँखों के सामने और आँखों से दूर रहना दो बातें हैं। पाठशाला के बच्चे बहुत बदमाश व शरारती हैं। इसे छोटा समझकर कहीं मारें-पीटें तब!'

शरमाकर बिंदो हँस पड़ी। 'मन नहीं बदला जीजी। लेकिन आँखों के सामने और आँखों से दूर रहना दो बातें हैं। पाठशाला के बच्चे बहुत बदमाश व शरारती हैं। इसे छोटा समझकर कहीं मारें–पीटें तब!'

अन्नपूर्णा बोली, 'लड़के तो मारपीट करते ही हैं। फिर सभी लड़के तो एक ही जैसे हैं बहू। अगर उनके माँ–बाप यही सोचकर भेज सकते हैं तो तू क्यों नहीं भेज सकती?'

दूसरों से अपने लल्ला की तुलना बिंदो कभी नहीं सह पाती। वह मन–ही–मन असंतुष्ट होकर बोली, 'तुम्हारी भी खूब बात होती है जीजी, मान लो कोई इसकी आँख में कलम ही खोंस दे तब!'

अन्नपूर्णा समझ गई और बोली, 'तो डॉक्टर को दिखा देना, लेकिन मैं सच कहती हूँ कि हफ्ते भर सोचने के बाद भी आँख में कलम खोंसने की बात कभी मेरे दिमाग में न आती। इतने लड़के पढ़ते हैं। आज तक तो कभी नहीं सुनी ऐसी घटना!'

'नहीं सुना तो क्या ऐसा हो नहीं सकता? भविष्य की बात कोई जानता है क्या? अच्छी बात है, एक बार कहकर देखो तो! बाद में तो जो होगा देखा ही जाएगा।'

'मैं जानती हूँ कि तूने जब ठान लिया है तो पूरा किए बिना तो छोड़ेगी नहीं। लेकिन मैं ऐसी उल्टी बात नहीं कह सकती। मैं क्या तू अपने जेठ जी से बोलती नहीं, तू ही खुद कह लेना।'

बस, बिंदो को गुस्सा आ गया। बोली, 'कहना ही पड़ेगा नहीं तो मैं अपने लल्ला को रोज इतनी दूर थोड़े ही भेज सकती हूँ। इससे चाहे किसी को बुरा लगे या भला या वह पढ़ सके या नहीं। और क्यों री कदम, तुझसे सीधा दे आने को कहा था न! मुँह बाए क्या खड़ी है?'

बस, बिंदो को गुस्सा आ गया। बोली, 'कहना ही पड़ेगा नहीं तो मैं अपने लल्ला को रोज इतनी दूर थोड़े ही भेज सकती हूँ। इससे चाहे किसी को बुरा लगे या भला या वह पढ़ सके या नहीं। और क्यों री कदम, तुझसे सीधा दे आने को कहा था न! मुँह बाए क्या खड़ी है?'

बिंदो का क्रोध देखकर अन्नपूर्णा ने कहा, 'सीधा दे रही हूँ अभी। छोटी बहू, इतनी उतावली मत हो। क्या तेरा लल्ला भी कभी बड़ा न होगा? क्या तू सदा उसे आँचल में ही छिपाए रहेगी, कभी यह भी सोच!'

छोटी बहू अपनी ही बात में चिंतित थी, बोली, 'कदम, जाकर सीधा दे आ और पंडितजी के पाँव की धूल जरा लल्ला के माथे पर लगाकर उसे अपने साथ ही लिए आना और शाम को जरा पंडित जी को बुला आना। जो नहीं समझे उसे समझाया भी नहीं जा सकता। मैं तो सोचती हूँ छोटा है, कहीं कोई मार-पीट न कर दे। ऊपर से कहती हैं कि मैं सदा आँचल में छिपाए रहूँगी! मैं कोई सलाह लेने तो नहीं आई न!' कहकर जवाब लिये बिना ही वह दनदनाती हुई वहाँ से चली गई।

दंग अन्नपूर्णा जहाँ की तहाँ ही खड़ी रही।

कदम ने कहा, 'बहू जी, खड़ी क्यों हो? कहीं फिर न वह पलट पड़े। जब उसने मन में कुछ ठान लिया है तब विधाता भी आ जाए तो वह उसे बदलेगी नहीं।'

उसी दिन की बात है। शाम के बाद, बड़े बाबू अफीम का नशा करके बिस्तर पर लेटे हुक्का पी रहे थे कि अचानक दरवाजे की साँकल बज उठी।

यादव चौंक पड़े, पूछा, 'कौन है?'

अन्नपूर्णा कमरे में आ गई, बोली, 'छोटी बहू कुछ कहना चाहती है, सुन लो।'

छोटी बहू से जैसे यादव बहुत डरते थे। छोटी बहू खुद तो न बोली पर उसकी तरफ से अन्नपूर्णा ने कहा, 'उसके लल्ला की आँखों में कहीं लड़के कलम न खोंस दें, इससे घर में पाठशाला खुलवानी होगी।'

हुक्के की नली हटाकर यादव ने चौंककर पूछा, 'देखूँ तो, किसने आँख में मार दिया।'

अन्नपूर्णा ने फिर नली उन्हें पकड़ा दी और हँसकर कहा, 'अभी किसी ने नहीं मारा है। कहीं मार न दे, इसकी बात है।'

'अब मैं समझा!'

किवाड़ के पीछे ओट में खड़ी बिंदो जल-भुल रही थी। कुढ़कर बोली, 'जीजी, तब तो तुमने कहा था कि ऐसी उलटी बात तुम मुँह से नहीं निकाल सकतीं, अब क्यों कह रही हो?'

अन्नपूर्णा ने फिर नली उन्हें पकड़ा दी और हँसकर कहा, 'अभी किसी ने नहीं मारा है। कहीं मार न दे, इसकी बात है।'

'अब मैं समझा!'

किवाड़ के पीछे ओट में खड़ी बिंदो जल-भुल रही थी। कुढ़कर बोली, 'जीजी, तब तो तुमने कहा था कि ऐसी उलटी बात तुम मुँह से नहीं निकाल सकतीं, अब क्यों कह रही हो?'

अन्नपूर्णा खुद समझती थी कि उसने गलत तरीके से कहा है और शायद परिणाम भी ठीक न निकले। वह अपनी कुढ़न से पति पर नाराज हो गई, बोली, 'अफीम के नशे में आँखें बंद हो जाती हैं, क्या कान भी बंद हो जाते हैं ? मैंने कहा क्या और तुमने सुना क्या ? कहाँ है देखूँ ? मैंने क्या तुमसे यह कहा था कि लल्ला की आँख ही फोड़ दी है। मेरी तो हर तरह से आफत है।'

यह सुनकर यादव की सिनक जैसे हवा हो गई। घबराकर पूछा, 'क्यों क्या बात हुई है भाई ?'

अन्नपूर्णा ने गुस्से से कहा, 'सब अच्छा ही हुआ। ऐसे आदमी से क्या बात की जाए ? मेरी किस्मत का ही दोष है।' कहकर वह चली गई वहाँ से।'

यादव ने पूछा, 'बहू रानी, जरा खोलकर बताओ न, क्या हुआ ?'

दरवाजे की ओट से ही बिंदो ने कहा, 'बाहर अपने दरवाजे पर एक पाठशाला हो जाती तो··· ।'

अन्नपूर्णा ने गुस्से से कहा, 'सब अच्छा ही हुआ। ऐसे आदमी से क्या बात की जाए ? मेरी किस्मत का ही दोष है।' कहकर वह चली गई वहाँ से।'

यादव ने पूछा, 'बहू रानी, जरा खोलकर बताओ न, क्या हुआ ?'

दरवाजे की ओट से ही बिंदो ने कहा, 'बाहर अपने दरवाजे पर एक पाठशाला हो जाती तो··· ।'

'यह कौन सी बड़ी बात है ? पर उसमें पढ़ाएगा कौन ?'

'पंडित जी आए थे। वे कहते हैं कि अगर उन्हें दस रुपए महीने मिलें तो वे वहाँ से अपनी पाठशाला उठा लावेंगे। मैं कहती थी कि मेरे सूद के जमा हुए रुपयों से सब खर्चा किया जाए।'

यादव बोले, 'तब ठीक है। मैं कल ही प्रबंध करूँगा। गंगाराम अगर यहीं पाठशाला लावे तो ठीक रहेगा।'

जेठजी की बातों से बिंदो का क्रोध शांत हुआ। वह प्रसन्न होकर गई

तो देखा कि रसोईघर में अन्नपूर्णा मुँह फुलाए बैठी है। और उसके सामने हाथ मटकाकर कदम कुछ भाषण कर रही है। बिंदो को देखते ही बोली, 'अरे माई रे!'

बिंदो समझ गई कि उसी का गिला हो रहा था। सामने आकर वह बोली, 'अरे कहो न, रुक क्यों गई?'

डर के मारे जैसे कदम की जीभ लटपटा गई। वह बोली, 'नहीं बहू, यह समझो कि—बड़ी जीजी ने कहा था सो मैंने कहा—क्या नाम से—कि—कि।'

'सब जानती हूँ। चल भाई तू! जाकर अपना काम देख!'

कदम तो जान छुड़ाकर भागी।

तब बिंदो ने अन्नपूर्णा को लक्ष्य करके व्यंग्य किया, 'मालकिन के सलाहकार भी खूब हैं। जेठजी से कहकर इनकी तनख्वाह की तरक्की करा देनी चाहिए।'

जेठजी की बातों से बिंदो का क्रोध शांत हुआ। वह प्रसन्न होकर गई तो देखा कि रसोईघर में अन्नपूर्णा मुँह फुलाए बैठी है। और उसके सामने हाथ मटकाकर कदम कुछ भाषण कर रही है। बिंदो को देखते ही बोली, 'अरे माई रे!'

बिंदो प्रसन्न रहती है तो अन्नपूर्णा को जीजी कहती है और नाराज होने पर, मालकिन।

अन्नपूर्णा भी कुढ़ गई। बोली, 'जा-जा कह दे। तेरे जेठजी मेरा सिर कटवा देंगे न। तेरे जेठजी भी कम नहीं हैं। देखते ही शुरू हो जाएँगे—'क्या है बहूरानी, ठीक कहती हो, ठीक बात है।' मैंने भी तेरी जैसी तकदीर वाली कभी नहीं देखी। क्या भाग्य है, छोटी होकर घर पर राज करती है।'

अन्नपूर्णा की बात पर बिंदो को हँसी आ गई बोली, 'लेकिन तुम कहाँ डरती हो?'

'तेरी रणचंडी की मूर्ति देखकर किसकी छाती का खून पानी न हो

जाए। पर इतना गुस्सेल मिजाज अच्छा नहीं बहू। और अब तू कोई बच्ची नहीं। अगर बच्चे होते तो चार-पाँच की माँ होती। लेकिन तेरा भला क्या दोष! दोष तो उस बूढ़े का है जो तुम्हें लाड़-प्यार करके बिगाड़ दिया है।'

'तकदीर लेकर तो जरूर पैदा हुई हूँ जीजी। धन, दौलत, लाड़, प्यार तो बहुतों को मिलता है, इसमें कुछ खास नहीं। लेकिन ऐसा देवता सा जेठ पा तो कई-कई जन्म की तपस्या का फल है। मेरे भाग्य से डाह मत करो जीजी। मगर उनके लाड़ ने मेरा सिर नहीं फिराया। तुम्हारे लाड़ ने मेरा सिर फिराया है। समझीं।'

'क्या बात करती हो? मेरा शासन बहुत कड़ा है। पर क्या करूँ? मेरी किस्मत ही फूटी है। कोई बात ही नहीं मानता। नौकर-चाकर भी मुँह पर आकर लड़ते हैं जैसे मैं ही दास-दासी हूँ और वे मालिक। और मैं ही हूँ जो इतना सहती हूँ अन्यथा… !'

अन्नपूर्णा की परेशानी से बिंदो खिलखिलाकर हँस पड़ी। बोली, 'जीजी, तुम सतजुगी हो। सतजुगी। इस युग में क्यों पैदा हुईं? और मुझसे तो कोई भी नहीं लड़ता-झगड़ता।' कहती हुई वह घुटने टेककर सामने ही बैठ गई और जीजी के गले में दोनों बाँहें डालकर बोली, 'जीजी, कोई कहानी कहो।'

> ***'तेरी रणचंडी की मूर्ति देखकर किसकी छाती का खून पानी न हो जाए। पर इतना गुस्सेल मिजाज अच्छा नहीं बहू। और अब तू कोई बच्ची नहीं। अगर बच्चे होते तो चार-पाँच की माँ होती। लेकिन तेरा भला क्या दोष! दोष तो उस बूढ़े का है जो तुम्हें लाड़-प्यार करके बिगाड़ दिया है।'***

अन्नपूर्णा सचमुच गुस्सा थी, 'चल हट यहाँ से।'

इतने में भागती हुई कदम आई, बोली, 'अमूल्य ने सरौते से हाथ काट लिया है। रोता है।'

बिंदो चीख उठी, 'सिरौता मिला कहाँ से? तुम सब क्या मर गई थीं?'

'मैं तो कमरे में बिछौना कर रही थी। पता नहीं कब बड़ी बहू के कमरे में जाकर···।'

बिंदो भागकर गई और थोड़ी देर बाद लल्ला की उँगली पर गीला लत्ता बाँधकर गोदी में लेकर आई तो बोली, 'जीजी, जाने कब से तुमसे कह रही हूँ कि बाल-बच्चों का घर ठहरा। सरौता-चाकू जरा ठीक से ऊपर रखा करो···पर···।'

अन्नपूर्णा अभी भी गुस्सा थी, 'बेसिर-पाँव की बात मत करो बहू! लल्ला के डर से अब पहले से ही सब क्या लोहे को संदूक में रखा करूँ?'
'तो ठीक है। कल से मैं उसे रस्सी से बाँधकर रखूँगी कि वह फिर कमरे में न घुसे।' बिंदो ने कहा और चली गई।

अन्नपूर्णा अभी भी गुस्सा थी, 'बेसिर-पाँव की बात मत करो बहू! लल्ला के डर से अब पहले से ही सब क्या लोहे को संदूक में रखा करूँ?'

'तो ठीक है। कल से मैं उसे रस्सी से बाँधकर रखूँगी कि वह फिर कमरे में न घुसे।' बिंदो ने कहा और चली गई।

अन्नपूर्णा बोली, 'अरे कदम, सुना! इसकी जबरदस्ती तो देख।'

कदम कुछ कहना चाहती थी पर मुँह खुला ही रह गया। बिंदो लौट आई थी। आकर बोली, 'अगर फिर कभी हमारी बात में किसी नौकर को तुमने पंच बनाया तो कहे देती हूँ लल्ला को लेकर मायके चली जाऊँगी।'

अन्नपूर्णा ने कहा, 'ताव क्या दिखाती है? चली जा न, पर समझ ले कि सिर पटकेगी फिर भी बुलाऊँगी नहीं।'

'तो मैं भी नहीं आना चाहती!' कहती हुई बिंदो चली गई।

दो घंटे बाद पाँव पटकती अन्नपूर्णा बिंदो के कमरे में गई। एक कोने में एक छोटी टेबिल पर कागज-पत्तर फैलाए माधवचंद्र बैठा था, और अपने लल्ला को लिए पलंग पर लेटी बिंदो कहानी सुना रही थी। अन्नपूर्णा ने कहा, 'चलो, खा लो।'

बिंदो बोली, 'मुझे भूख नहीं है।'

लल्ला भी बिंदो से लिपटकर बोला, 'तुम जाओ। छोटी माँ नहीं खाएगी।'

अन्नपूर्णा ने डाँट दिया, 'तू चुप रह! तू ही तो सारे झगड़े की जड़ है न! खूब दुलार से बिगाड़ दे छोटी बहू, बाद में समझ में आवेगा। तब याद करेगी और रोएगी कि जीजी ने कहा था।'

बिंदो ने धीरे से लल्ला को सिखा दिया, वह चिल्ला पड़ा, 'तुम जाओ न! अभी रानी की कहानी सुना रही हैं छोटी माँ।'

अन्नपूर्णा ने डाँटा, 'छोटी बहू, अगर अपना भला चाहती है तो उठ आ, नहीं तो कहे देती हूँ कल ही तुम दोनों को मैं विदा कर दूँगी।' कहकर वह चली गई।

माधव ने पूछा, 'आज फिर क्या हो गया?'

अन्नपूर्णा ने डाँटा, 'छोटी बहू, अगर अपना भला चाहती है तो उठ आ, नहीं तो कहे देती हूँ कल ही तुम दोनों को मैं विदा कर दूँगी।' कहकर वह चली गई।
माधव ने पूछा, 'आज फिर क्या हो गया?'

बिंदो बोली, 'जीजी के नाराज होने पर जो होता है। मेरा तो सिर्फ इतना कसूर था कि बाल-बच्चों का घर है, जरा सरौता-चाकू सँभालकर रखा करो। इसी पर इतना तूफान उठा है।

'अच्छा तो जाओ और अब ज्यादा गड़बड़ मत करो, क्योंकि कहीं भाभी के गुस्से से भैया न जग जाएँ।'

जाने क्या सोचकर बिंदो उठी और लल्ला को गोद में लेकर हँसती हुई रसोईघर की ओर चली गई।

तीन

जिस तरह एक ही माँ के दो बच्चे अपनी माँ के आश्रय में बढ़ते हैं उसी तरह दोनों माताओं ने एक ही संतान के आश्रय में छह साल बिता दिए। अब अमूल्य बड़ा हो गया था। वह दूसरी कक्षा में पढ़ता है। घर पर भी मास्टर लगे हैं। आज रविवार है, स्कूल बंद है। मास्टर पढ़ाकर जा चुके हैं, अमूल्य बाहर निकला।

बिंदो को बुरा लगा फिर भी सँभालकर बोली, 'हो सकता है। गरीब और अमीर में इतना तो फर्क रहेगा ही। इसके लिए यहाँ तक सोचोगी जीजी! तुम जो कहने आई थीं, वही कहो। देखो न अभी हमें फुरसत नहीं है।'

अन्नपूर्णा ने पूछा, 'छोटी बहू, बताओ क्या करूँ?'

बिंदो अपने कमरे भर में तमाम आलमारी के कपड़े बिछाए अमूल्य के कपड़े ठीक कर रही थी। आज वह अपने चाचा के साथ किसी बड़े अमीर मुवक्किल के यहाँ दावत खाने जाएगा। बिंदो ने ऊपर देखे बिना ही पूछा, 'क्या बताऊँ जीजी?'

अन्नपूर्णा जरा अप्रसन्न थी और इतने रंग-बिरंगे कपड़े फैले देखकर जैसे ठगी सी रह गई। फिर बोलीं, 'ये सभी क्या लल्ला के कपड़े हैं?'

बिंदो ने कहा, 'हाँ।'

अन्नपूर्णा बोली, 'तू इस पर कितने रुपए बहाती है। तुम्हारे एक-एक कपड़े को गरीब के घर के लड़के साल भर पहनें।'

बिंदो को बुरा लगा फिर भी सँभालकर बोली, 'हो सकता है। गरीब और अमीर में इतना तो फर्क रहेगा ही। इसके लिए यहाँ तक सोचोगी जीजी! तुम जो कहने आई थीं, वही कहो। देखो न अभी हमें फुरसत नहीं है।'

'तो तुझे कब फुरसत रहती है!' कहकर वह चली गई। भैरों लल्ला को खोजने गया था। एक घंटे बाद लौटा।

'कहाँ था अभी तक?' बिंदो ने पूछा।

अमूल्य कुछ न बोला।

'इस मुहल्ले के किसानों के बच्चों के साथ गुल्ली-डंडा खेल रहा था न!'

इस खेल से जाने क्यों बिंदो बहुत डरती है। इसी से इस खेल के लिए उसकी इजाजत न थी। डाँटकर बोली, 'गुल्ली-डंडा खेलने के लिए तुझे मना किया था न!'

अमूल्य डर से घबरा रहा था। बोला, 'उन्होंने मुझे जबरदस्ती ही···।'

'क्या कहा? जबरदस्ती! अच्छा, अभी तो जा फिर बताऊँगी।' कहकर वह उसे कपड़े पहनाने लगी।

दो महीने हुए अमूल्य का जनेऊ हुआ था। उसने अपने घुटे सिर पर टोपी लगाने से इनकार किया। पर बिंदो कहाँ मानने वाली थी। पहना ही दिया। और जरी की काम वाली टोपी पहनकर वह रो पड़ा तभी कमरे में आकर माधव ने कहा, 'और कितनी देरी है?'

और अमूल्य पर नजर पड़ते ही बोला, 'वाह! यह तो मथुरा का बालकृष्ण बन गया है!'

दो महीने हुए अमूल्य का जनेऊ हुआ था। उसने अपने घुटे सिर पर टोपी लगाने से इनकार किया। पर बिंदो कहाँ मानने वाली थी। पहना ही दिया। और जरी की काम वाली टोपी पहनकर वह रो पड़ा तभी कमरे में आकर माधव ने कहा, 'और कितनी देरी है?' और अमूल्य पर नजर पड़ते ही बोला, 'वाह! यह तो मथुरा का बालकृष्ण बन गया है!'

बिंदो नाराज होकर बोली, 'एक तो वह यों ही रो रहा है ऊपर से तुम भी···।'

अमूल्य ने टोपी फेंक दी और जाकर पलंग पर लेट रहा। माधव बोले, 'लल्ला, रो मत। चल, लोग मुझे ही तो पागल कहेंगे न!'

एक दिन और भी ऐसी ही बात हुई थी। उस दिन बिंदो बहुत नाराज थी। आज भी वही हुआ तो चिल्ला पड़ी, 'मेरे सभी काम ऐसे ही होते हैं न!' कहती हुई गुस्से में उठी और पंखे की डंडी चार-पाँच लल्ला को जमा दीं। फिर कीमती मखमली कपड़े फेंकने लगी।

डरकर माधव चले गए। उन्होंने जाकर भाभी को सब बताया। 'सिर पर भूत चढ़ा है भाभी। जाकर देखो न!'

एक दिन और भी ऐसी ही बात हुई थी। उस दिन बिंदो बहुत नाराज थी। आज भी वही हुआ तो चिल्ला पड़ी, 'मेरे सभी काम ऐसे ही होते हैं न!' कहती हुई गुस्से में उठी और पंखे की डंडी चार-पाँच लल्ला को जमा दीं। फिर कीमती मखमली कपड़े फेंकने लगी।

अन्नपूर्णा ने जाकर देखा कि लल्ला डर से काँपता खड़ा था और कीमती कपड़े उतारकर बिंदो मामूली कपड़े पहना रही थी। अन्नपूर्णा बोली, 'अच्छा तो लगता था बहू। कपड़े क्यों उतार रही हो?'

बिंदो ने लल्ला को छोड़ दिया और गले में साड़ी का पल्ला डालकर हाथ जोड़कर कहा, 'मैं तुम्हारे पाँवों पड़ती हूँ बड़ी मालकिन! जरा थोड़ी देर को चली जाओ। सबों की सलाह से तो उसकी जान ही निकल जाएगी।

अन्नपूर्णा अवाक् रह गई।

बिंदो अमूल्य का कान पकड़कर एक ओर ले गई और बोली, 'तुम जैसे हो वैसी ही तुम्हारी सजा भी है। अब दिन भर इसी कमरे में बंद रहो। जीजी, बाहर जाओ। मैं दरवाजा बंद करूँगी।'

बाहर आकर उसने साँकल चढ़ा दी।

दोपहर को एक बज गया तो अन्नपूर्णा से नहीं रहा गया। बोली, 'बहू, क्या सचमुच लल्ला को भूखा ही रखेगी? क्या घर का उपवास रहेगा?'

बिंदो ने धीमे से कहा, 'जो घर भर की मरजी हो।'

'कैसी बात कहती है रे बहू! घर में एक तो लड़का है वह भी भूखा रहेगा? मेरी अपनी चाहे छोड़ भी दे। नौकर-चाकर भी तो भूखे रह जाएँगे। जरा सोच तो!'

'मैं कुछ नहीं जानती।'

जब अन्नपूर्णा समझ गई कि बेकार बात करना है। अंत में धीरे से बोली, 'अच्छा तो मैं कह रही हूँ कि बड़ी बहन की एक ही बात मान लो।

आज उसे माफ कर दो। क्योंकि चिंता से कहीं उसकी तबीयत खराब हो गई तो मुझे ही तो भुगतना पड़ेगा।'

धूप की तेजी देखकर बिंदो को शांत व नरस होना ही पड़ा। कदम को बुलाकर कहा, 'जाओ, उसे ले आओ। लेकिन देखो जीजी, मैं आज फिर कहे देती हूँ कि आइंदा कोई मेरी बातों में न बोले, नहीं तो बहुत बुरा हो जाएगा।'

उस दिन इसके आगे झंझट नहीं बढ़ी।

धूप की तेजी देखकर बिंदो को शांत व नरस होना ही पड़ा। कदम को बुलाकर कहा, 'जाओ, उसे ले आओ। लेकिन देखो जीजी, मैं आज फिर कहे देती हूँ कि आइंदा कोई मेरी बातों में न बोले, नहीं तो बहुत बुरा हो जाएगा।'

छोटे भाई की वकालत जब चल निकली तो यादव ने नौकरी छोड़कर जमीन-जायदाद की देखभाल में ही समय काटना प्रारंभ किया। छोटी बहू के यहाँ से प्राप्त दस हजार रुपयों को ब्याज पर चढ़ाकर उन्होंने करीब-करीब दूना बना लिया था। उन्हीं में से कुछ रुपया अलग करके, और माधव की आमदनी के सहारे पर और माधव के वकालत से बढ़ती हुई आमदनी के सहारे पर थोड़ी दूर पर एक जमीन लेकर बड़ा और पक्का मकान बनवाने का प्रबंध किया था। दस दिन हुए मकान तैयार हुआ था। निश्चय हुआ कि दुर्गापूजा के बाद कोई अच्छी सी तिथि विचारकर फिर सभी वहीं रहने चले जाएँगे। इसी प्रसंग में यादव ने एक दिन खाना खाते समय छोटी बहू से कहा, 'बहूरानी, तुम्हारा

तो मकान बन गया अब किसी दिन चलकर उसे देख लो ताकि कोई कसर न रह जाए।'

ऐसी बातें सुनने की बिंदो को आदत पड़ गई थी। वह चाहे जितना भी काम में रहती, जब जेठजी के खाने का समय होता तो सब काम छोड़कर वह आकर दरवाजे की ओट से बैठ जाती थी। अपने जेठजी को देवता मानकर वह वैसी ही भक्ति भी करती थी। वह बोली, 'नहीं, कोई कसर कैसे रह सकती है!'

यादव बीच में ही बोल पड़े, 'शांत होने की क्या बात चलाइ! बहू रानी तो साक्षात् जगदंबा है। वर भी देती है और जरूरत पड़ने पर जंग भी उठाना नहीं भूलती। यही तो मैं भी चाहता हूँ। देखो न बहूरानी के आने के बाद से हमारे घर में कोई भी कष्ट नहीं रह गया।'

हँसकर यादव बोले, 'बिना देखे ही कह दिया। अच्छा तो, पर एक बात है। मेरी राय है कि अपने जितने भी नाते-रिश्तेदार व स्वजन जहाँ भी हैं उन्हें बुलाकर एक शुभ मुहूर्त में वहाँ चले चलें और गृह-देवता की पूजा भी हो।'

बिंदो ने कहा, 'तो मैं जीजी से कहूँगी। वे जो कहेंगी वही होगा।'

यादव बोले, 'लेकिन हमारे घर की लक्ष्मी तो तुम्हीं हो। जो तुम चाहोगी वही होगा।'

अन्नपूर्णा भी पास ही थी। हँसकर बोली, 'ठीक कहते हो लेकिन अगर तुम्हारी लक्ष्मी बहू थोड़ा सा भी शांत होती तो··· ।'

यादव बीच में ही बोल पड़े, 'शांत होने की क्या बात चलाइ! बहू रानी तो साक्षात् जगदंबा है। वर भी देती है और जरूरत पड़ने पर जंग भी उठाना नहीं भूलती। यही तो मैं भी चाहता हूँ। देखो न बहूरानी के आने के बाद से हमारे घर में कोई भी कष्ट नहीं रह गया।'

अन्नपूर्णा ने कहा, 'बात तो ठीक कहते हो। इसके आने के पहले के दिनों को याद करके भी लगता है।'

बिंदो ने लजाकर इस बात को दबाया। बोली, 'आप सबको न्योता भेजिए। वह मकान काफी बड़ा भी है, किसी को दिक्कत न होगी। चाहें तो काफी दिन भी वे लोग रहें।'

यादव ने कहा, 'तो मैं कल ही बुलवाने का इंतजाम करता हूँ।'

चार

यादव की एक फुफेरी बहन है, एलोकेशी। आज उसकी दशा कुछ अच्छी नहीं है। यादव से जब भी जो बन पड़ता, उसकी आर्थिक सहायता करते थे। इधर उसके जो भी पत्र आते थे उसमें वह सदा ही अपने लड़के नरेंद्र को यहीं यादव के यहाँ रखकर पढ़ाने-लिखाने की इच्छा जाहिर करती थी। सो अचानक वह एक दिन अपने लड़के के साथ आ धमकी। उसके पति प्रियनाथ कहाँ क्या काम करते हैं किसी को नहीं मालूम था और वे भी चार-पाँच दिन के बाद आ धमके। उस समय नरेंद्र की उम्र सोलह के लगभग थी। चौड़े किनारे की धोती घुमाकर बाँधता था। दिन भर में आठ-दस बार वह अपने बाल सँभालता। बड़ी-बड़ी जुल्फें थीं। शाम को रसोईघर के बाहर सभी इकट्ठे थे। एलोकेशी अपने सुपुत्र के असाधारण रूप और गुणों की तारीफ कर रही थी।

बिंदो बीच में ही पूछ बैठी, 'तो नरेंद्र किस क्लास में पढ़ते हो?' नरेंद्र बोला, 'चौथे क्लास में। रायल रीडर, ग्रामर, ज्योग्राफी, अर्थमेटिक, डेसीमल, टेसिमल जाने क्या-क्या हैं। तुम यह सब नहीं जानोगी मामी।'

बिंदो बीच में ही पूछ बैठी, 'तो नरेंद्र किस क्लास में पढ़ते हो?'

नरेंद्र बोला, 'चौथे क्लास में। रायल रीडर, ग्रामर, ज्योग्राफी, अर्थमेटिक, डेसीमल, टेसिमल जाने क्या-क्या हैं। तुम यह सब नहीं जानोगी मामी।'

एलोकेशी इतने में ही गर्व से फूल गई और बिंदो की ओर देखकर बोली, 'अरे छोटी बहू, एकाध हों तो बतावे भी। किताबों का तो पहाड़ है न! बेटा, कल बक्से से किताबें निकालकर अपनी मामियों को जरा दिखा तो देना बेटा!'

सिर हिला दिया नरेंद्र ने, 'अच्छा दिखा दूँगा।'

बिंदो ने फिर पूछा, 'पास होने का नतीजा कब तक आएगा।'

नरेंद्र की जगह एलोकेशी ही बोल उठी, 'अब क्या बताऊँ भाभी। अब तक एक क्या चार-चार क्लास पास कर लेता लेकिन सत्यानाश हो उस कलमुँहे मास्टर का जो इसे जहर की आँखों से देखता है। उसी के कारण कुछ नहीं होता। वही तो दरजा नहीं चढ़ने देता। एक ही क्लास में बरस के बरस डाले रहता है।'

एलोकेशी इतने में ही गर्व से फूल गई और बिंदो की ओर देखकर बोली, 'अरे छोटी बहू, एकाध हों तो बतावे भी। किताबों का तो पहाड़ है न! बेटा, कल बक्से से किताबें निकालकर अपनी मामियों को जरा दिखा तो देना बेटा!'

बिंदो ने ताज्जुब से कहा, 'ऐसा कैसे होता है?'

एलोकेशी बोली, 'यही होता है, सरासर होता है। सभी मास्टर लोग घूँस चाहते हैं। मैं तो ठहरी गरीब। भला कहाँ से घूँस दूँ? तुम्हीं बताओ।'

बिंदो चुप रह गई। अन्नपूर्णा ने दुखी होकर कहा, 'ऐसा मत कहो। किसी के लिए ऐसा नहीं कहना चाहिए। यह ठीक नहीं। हमारे यहाँ तो ऐसा नहीं है। मेरा लल्ला तो हर साल ईनाम में अच्छी-अच्छी किताबें पाता रहता है। घुसबुस तो कभी नहीं देनी पड़ती।'

तभी कहीं से आकर अमूल्य बिंदो की गोद में बैठ गया और धीरे से बिंदो के गले में हाथ डालकर कान में बोला, 'छोटी माँ कल इतवार है। आज मास्टरजी को चले जाने को कहो न।'

हँसकर बिंदो बोली, 'भला इस लड़के को तो देखो। बस इसे कहानी सुनने को मिल जाए फिर कुछ भी याद नहीं रहता। अरे कदम, मास्टरजी से कह देना कि लल्ला आज नहीं पढ़ेगा।'

नरेंद्र ने ताज्जुब से कहा, 'अरे यह क्या अमूल्य। इतना बड़ा हो गया और अभी तक औरतों की गोद में बैठता है?'

बिंदो ने हँसकर कहा, 'सिर्फ इतना ही नहीं, अभी तक रात में…'

व्याकुल होकर अमूल्य ने बीच में ही हाथ से उसका मुँह बंद कर दिया और बोला, 'यह मत बताना, मत बताना, छोटी माँ।'

बिंदो तो नहीं बोली, पर अन्नपूर्णा ने कह दिया, 'अभी भी रात को अपनी छोटी माँ के साथ सोता है।'

हँसकर बिंदो बोली, 'भला इस लड़के को तो देखो। बस इसे कहानी सुनने को मिल जाए फिर कुछ भी याद नहीं रहता। अरे कदम, मास्टरजी से कह देना कि लल्ला आज नहीं पढ़ेगा।' नरेंद्र ने ताज्जुब से कहा, 'अरे यह क्या अमूल्य। इतना बड़ा हो गया और अभी तक औरतों की गोद में बैठता है?'

बिंदो बोली, 'नहीं-नहीं जीजी, सारी रात चमगादड़ की तरह चिपका रहता है।'

शरम से अमूल्य ने बिंदो की गोद में मुँह छिपा लिया।

नरेंद्र ने कहा, 'तू कैसा है, छी-छी! क्या तू अंग्रेजी पढ़ता है?'

अन्नपूर्णा बोली, 'स्कूल में अंग्रेजी तो पढ़ता है।'

नरेंद्र बोला, 'तो इंजन की स्पेलिंग बतावे तो जानूँ।'

एलोकेशी बोल उठी, 'अरे अभी बच्चा है न। कैसे बतावेगा।'

अन्नपूर्णा बोली, 'बता दे लल्ला। बता दे न।'

लेकिन बहुत कहने पर भी अमूल्य ने सिर न उठाया तो बिंदो ने कहा, 'तुम सबों ने मिलकर उसे शरमा दिया है। कैसे बेचारा बतावे।' फिर बिंदो

ने साभिमान एलोकेशी की ओर देखकर कहा, 'मास्टरजी बता रहे थे कि इस बार इम्तहान के बाद इसे बीस रुपए मिलेंगे, ईनाम में। फिर यह भी उन्हीं रुपयों से चाचा की तरह एक घोड़ा खरीदेगा।'

इस बात पर जाने क्यों सभी हँस पड़े।

एलोकेशी बोली, 'मेरा नरेंद्र तो सिर्फ पढ़ने में ही नहीं बल्कि ड्रामा में भी ऐसा पार्ट करता है कि बस देखनेवाले ही जानते हैं। इस बार सीता बनकर तो कमाल ही किया था। बेटा, दिखा न! जरा मामियों को दिखा तो दे।'

एलोकेशी बोली, 'मेरा नरेंद्र तो सिर्फ पढ़ने में ही नहीं बल्कि ड्रामा में भी ऐसा पार्ट करता है कि बस देखनेवाले ही जानते हैं। इस बार सीता बनकर तो कमाल ही किया था। बेटा, दिखा न! जरा मामियों को दिखा तो दे।'

तत्काल ही नरेंद्र ने घुटने के बल बैठकर हाथ जोड़कर नाक से बोलना शुरू कर दिया, 'हे प्राणेश्वर! कैसे कुक्षण मैं तुम्हारी दासी…'

बिंदो घबराकर चीख उठी, 'अरे चुप-चुप, ठहरो जी, ऊपर जेठजी हैं न।'

नरेंद्र चुप हो गया।

और इतना जब देख-सुनकर ही अन्नपूर्णा के ताज्जुब का ठिकाना न रहा। बोली, 'जेठजी हैं तो क्या हुआ। यह तो भगवान् की कथा है न।'

नाराजी के स्वर में बिंदो बोली, 'तो भगवान् की कथा तुम्हीं सुनो, मैं तो जाती हूँ।'

नरेंद्र बोला, 'नहीं नहीं, रहने दो। मैं सावित्री की बात सुनाता हूँ।'

बिंदो ने मना किया।

तब कहीं अन्नपूर्णा को अंदाज लगा कि बात बहुत दूर तक चली गई है। और आगे जाने से नुकसान हो सकता है। एलोकेशी कुछ समझ न सकी। बोली, 'अच्छा जाने दो। जब कभी घर में मरद न रहेंगे तब हो

जाएगा। और यही नहीं। गाना-बजाना भी सब सीखा है। दमयंती का रोते हुए जो गीत इसने गाया था…अरे बेटा, कभी सुनाना मामी को, फिर तो तेरा कभी पीछा ही न छोड़ेगी।'

नरेंद्र उत्साहित होकर बोला, 'क्या अभी गाऊँ।'

अन्नपूर्णा ने फौरन ही कहा, 'नहीं-नहीं, अभी रहने दो।'

नरेंद्र ने कहा, 'अच्छा तो वह गाना मैं अमूल्य को सिखा दूँगा। मैं तबला भी जानता हूँ न। त्रिटिक ताल बजाना तो मामी बड़ा कठिन है। अच्छा तो जरा वह पीतल का बरतन तो उठाना, अभी नमूना ही दिखा दूँ।'

बिंदो ने लल्ला को इशारा किया, 'जा लल्ला, भीतर जाकर पढ़।'

लल्ला बड़े प्रेम से नरेंद्र को सुन रहा था, वह जाना नहीं चाहता था। बिंदो समझ गई। बिना कुछ बोले ही उसे अपने साथ ही कमरे में लिवा ले गई। अन्नपूर्णा सब समझ रही थी। वह जानती थी कि बिंदो शायद नरेंद्र का रहना भी पसंद न करे, क्योंकि लल्ला इसकी संगत में पड़कर बिगड़ जाएगा। उसने नरेंद्र से कहा, 'बेटा नरेंद्र, देखो तुम अपनी छोटी मामी के सामने फिर कभी यह ड्रामा-बरामा मत दिखाना। वह नाराज हो जाती हैं। उन्हें यह सब अच्छा नहीं लगता।'

एलोकेशी ने कहा, 'ओहो, इसी से उठकर चली गई हैं।'

अन्नपूर्णा बोली, 'और बेटा नरेंद्र, देख तू खूब मन लगाकर पढ़ाई-लिखाई करना, ताकि तू अपनी माँ का दुःख दूर कर सके। और लल्ला से बहुत हेलमेल भी मत रखना। वह तुझसे बहुत छोटा है न।'

एलोकेशी ने कहा, 'ओहो, इसी से उठकर चली गई हैं।'

अन्नपूर्णा बोली, 'और बेटा नरेंद्र, देख तू खूब मन लगाकर पढ़ाई-लिखाई करना, ताकि तू अपनी माँ का दुःख दूर कर सके। और लल्ला से बहुत हेलमेल भी मत रखना। वह तुझसे बहुत छोटा है न।'

एलोकेशी को यह बुरा लगा। कुढ़कर बोली, 'ठीक है, गरीब का लड़का है न, गरीबों की तरह ही इसे रहना भी चाहिए। और भाभी, जब तुमने बात छेड़ दी है तो कह ही दूँ कि अगर अमूल्य छोटा बच्चा है तो नरेंद्र ही कौन बूढ़ा है? एक-आध साल की बड़ाई नहीं गिनी जाती। क्या इसने कभी बड़े घर के अमीर लड़के नहीं देखे जो यहीं आकर देख रहा है। इसके ड्रामा में तो जाने कितने ही राजा-महाराजा के लड़के भी आते हैं।'

अन्नपूर्णा डर गई, बोली, 'नहीं बीबीजी, सो मैं नहीं कहती। मैं तो कह रही थी कि···।'

'और कैसे कहोगी भाभी? हम लोग इतने बेवकूफ तो नहीं कि इतनी भी बात न समझ सकें। और भैया ने कहा था इसलिए नरेंद्र को पढ़ाने के लिए लाई हूँ नहीं तो क्या हमारे दिन कट ही रहे थे न?'

'और कैसे कहोगी भाभी? हम लोग इतने बेवकूफ तो नहीं कि इतनी भी बात न समझ सकें। और भैया ने कहा था इसलिए नरेंद्र को पढ़ाने के लिए लाई हूँ नहीं तो क्या हमारे दिन कट ही रहे थे न?'

'भगवान् की कसम बीबीजी! मेरा गलत अर्थ मत लगाओ और मैं तो कह रही थी कि ऐसा करे कि माँ का दुःख कम हो···।'

'ऐसा ही सही। जा रे नरेंद्र, बाहर जाकर बैठ और बड़े लोगों से मत मिलना-जुलना।' यह कह एलोकेशी ने खुद नरेंद्र को उठाया और चल दी।

आँधी की तरह अन्नपूर्णा भागकर बिंदो के कमरे में गई। फिर रोकर कहने लगी, 'क्यों री, क्या सभी नाते-रिश्तेदारों को छोड़ देगी? बता तो आखिर वहाँ से क्यों उठ आई तू?'

'रिश्तेदारी क्यों छोड़ो। तुम सबों को लेकर आराम से घर में रहना, मैं लल्ला को लेकर कहीं और चली जाऊँगी। यही चाहती हो न।'

'कहाँ चली जाओगी जरा सुनूँ तो।'

'जाते समय बता दूँगी। चिंता मत करो।'

'मैं सब जानती हूँ। तू तो वही करेगी जिसमें चार आदमियों में मुँह न दिखा सकूँ।' कहकर अन्नपूर्णा बाहर आई। इतने में माधव आ गया। उसे देखते ही तड़प उठी, 'नहीं लालाजी, अब तुम लोग कहीं और जाकर रहो। नहीं तो बहू को भेज दो। अब मुझसे नहीं पटेगी। समझ लो।' कहती हुई वह चली गई।

'मैं सब जानती हूँ। तू तो वही करेगी जिसमें चार आदमियों में मुँह न दिखा सकूँ।' कहकर अन्नपूर्णा बाहर आई। इतने में माधव आ गया। उसे देखते ही तड़प उठी, 'नहीं लालाजी, अब तुम लोग कहीं और जाकर रहो। नहीं तो बहू को भेज दो। अब मुझसे नहीं पटेगी। समझ लो।' कहती हुई वह चली गई।

घबराकर माधव ने पत्नी से पूछा, 'क्या हो गया?'

'मैं क्या जानूँ। उन्हीं से पूछा। अब तो हमें जाने की ही तैयारी करनी है।'

माधव कुछ न बोला। टेबिल पर से अखबार लेकर बाहर वाले कमरे में चला गया।

पाँच

एलोकेशी देखने में जितनी भोली लगती थी इतनी वह थी नहीं। उसने जब देखा कि निःसंतान बिंदो के पास बहुत रुपया है तो वह उसी की ओर झुक गई और रोज रात को अपने पति को फटकारने लगी, 'तुम्हारे कारण ही मेरा सर्वनाश हुआ। तुम्हारे पास पड़ी न रहकर अगर मैं पहले ही यहाँ आ जाती तो आज रानी होती। भला मेरे हीरे जैसे लाल को छोड़कर छोटी बहू उस काले-कलूटे लड़के···।' फिर लंबी साँस खींचकर कहती, 'पर गरीबों को भगवान् देखता है' और फिर सो जाती।

प्रियनाथ भी इसे अपनी ही बेवकूफी समझकर सोच-विचार करते-

करते सो जाता। इसी तरह दिन बीत रहे थे। छोटी बहू की ओर एलोकेशी का प्रेम नदी की बाढ़ की तरह बढ़ रहा था।

एक दिन दोपहर को एलोकेशी ने कहा, 'तुम्हारे बाल कैसे काले बादल की तरह हैं बहू, लेकिन तुम जूड़ा क्यों नहीं बाँधतीं? आज जमींदार के घर की औरतें आवेंगी न! लाओ जूड़ा तो बाँध दूँ।'

'नहीं बीबीजी। मुझे यह सब अच्छा नहीं लगता। लड़का बड़ा हो गया है न! देखेगा।'

बीबीजी सुनकर दंग रह गई। बोली, 'यह क्या कहती हो बहू? लड़का बड़ा हो गया तो क्या बहू-बेटी जूड़ा न बाँधें? दुश्मनों के मुँह में आग, मेरा नरेंद्र तो उससे भी छह महीना बड़ा है तो क्या मैं बाल बाँधना ही छोड़ दूँ?'

'नहीं बीबीजी, ऐसी बात नहीं। नरेंद्र बराबर देखता आ रहा है न, उसकी बात और है। लेकिन आज लल्ला मुझे जूड़ा बाँधे देखे तो उसे नई बात लगेगी। पता नहीं चिल्लाने ही लगे, फिर बड़े शरम की बात होगी। छिह छिह छिह!'

एक दिन दोपहर को एलोकेशी ने कहा, 'तुम्हारे बाल कैसे काले बादल की तरह हैं बहू, लेकिन तुम जूड़ा क्यों नहीं बाँधतीं? आज जमींदार के घर की औरतें आवेंगी न! लाओ जूड़ा तो बाँध दूँ।' 'नहीं बीबीजी। मुझे यह सब अच्छा नहीं लगता। लड़का बड़ा हो गया है न! देखेगा।'

तभी अचानक अन्नपूर्णा उधर आ गई। बिंदो को देखकर ठिठक गई और बोली, 'तेरी आँखें कैसी हो रही हैं बहू। जरा तेरी देह तो देखूँ?'

'रोज-रोज देह क्या देखोगी जीजी? मैं कोई बच्ची हूँ क्या, कि मुझे तबीयत खराब होना भी समझ में न आएगा?'

'नहीं-नहीं, ऐसी बात नहीं। तू बच्ची नहीं है री, तू तो बूढ़ी है पर जरा देखूँ तो। भादों-कुँवार के दिन हैं। यह मौसम ठीक नहीं।'

बिंदो बोली, 'कहती हूँ न जीजी कि कुछ नहीं हुआ।'

'तो तुम जानना। छिपाना मत, नहीं तो लेने के देने पड़ सकते हैं।' कहते हुए अन्नपूर्णा चली गई।

तब एलोकेशी ने कहा, 'बड़ी बहू को कुछ सनक आती है क्या कभी-कभी? क्यों?'

बिंदो को यह प्रश्न अच्छा न लगा। तनिक रुककर बोली, 'भगवान् करें ऐसी सनक सबको आवे।'

एलोकेशी समझ गई, चुप रह गई।

तभी अन्नपूर्णा फिर उधर से लौटी। बिंदो ने पुकारकर कहा, 'अरे जीजी, सुनो, सुनो। क्या जूड़ा बँधवाओगी।'

अन्नपूर्णा सुनकर सन्न खड़ी रही। सबकुछ वह समझकर फिर एलोकेशी से बोली, 'मैंने तो बता दिया न बीबीजी कि इससे कहना-सुनना बेकार है। बाल हैं सो बाँधेगी नहीं। कपड़े-गहने हैं सो भी पहनेगी नहीं। इतना रूप पाया है पर कभी सँवारेगी नहीं। यह तो दुनिया से न्यारी है। लड़का भी वैसा ही है। उसी दिन कह रहा था कि कपड़े पहनने से क्या होता है। छोटी माँ के पास इतने सारे तो हैं पर कहाँ वे पहनती हैं!'

अन्नपूर्णा सुनकर सन्न खड़ी रही। सबकुछ वह समझकर फिर एलोकेशी से बोली, 'मैंने तो बता दिया न बीबीजी कि इससे कहना-सुनना बेकार है। बाल हैं सो बाँधेगी नहीं। कपड़े-गहने हैं सो भी पहनेगी नहीं। इतना रूप पाया है पर कभी सँवारेगी नहीं। यह तो दुनिया से न्यारी है।'

जरा अभिमान से सिर उठाकर बिंदो ने कहा, 'जीजी, बात यह नहीं है। अगर लड़के को दस-बीस में एक या बड़ा बनाना है तो माँ को तो दुनिया से न्यारी बनना ही पड़ेगा। जीजी, अगर भगवान् ने जिंदा रखा तो देख लेना तुम। दुनिया भर के लोग हाथ उठाकर कहेंगे कि यह अमूल्य की

माँ है।' कहते-कहते जाने क्यों उसकी आँखें भर आईं।

अन्नपूर्णा ने प्यार से कहा, 'तभी तो मेरे लल्ला के बारे में हम कभी कुछ नहीं कहते। भगवान् करे तेरी बात पूरी हो। लेकिन मैं ऐसी बातें नहीं सोचती।'

बिंदो ने आँखें पोंछकर कहा, 'लेकिन जीजी, मैं तो सिर्फ इसी एक आशा पर ही जी रही हूँ।' कहते हुए उसके सारे देह में रोंगटे खड़े हो गए। बहुत लज्जित होकर उसने कहा, 'लेकिन जीजी, अगर मेरी इस आशा पर कभी चोट लगेगी तो मैं पागल हो जाऊँगी।

अन्नपूर्णा हतप्रभ हो गई। ऐसा नहीं कि वह अपनी देवरानी को जानती न हो, उसके मन को न जानती हो पर उसकी आशा की उग्र प्रतिच्छाया उसने कभी इतनी साफ न देखी थी। आज उसे लगा कि क्यों बिंदो अमूल्य के लिए सदा इतनी सतर्क रहती है। अपने पुत्र के लिए इस प्रेम को देखकर उसकी माँ का दिल भर आया और अपने आँसू छिपाने को उसने मुँह घुमा लिया।

अन्नपूर्णा हतप्रभ हो गई। ऐसा नहीं कि वह अपनी देवरानी को जानती न हो, उसके मन को न जानती हो पर उसकी आशा की उग्र प्रतिच्छाया उसने कभी इतनी साफ न देखी थी। आज उसे लगा कि क्यों बिंदो अमूल्य के लिए सदा इतनी सतर्क रहती है। अपने पुत्र के लिए इस प्रेम को देखकर उसकी माँ का दिल भर आया और अपने आँसू छिपाने को उसने मुँह घुमा लिया।

एलोकेशी बोली, 'जाने दो छोटी बहू, लाओ आज तुम्हारे···।'

बिंदो बात काटकर बोली, 'हाँ-हाँ, आज जीजी को जूड़ा कर दो। इस घर में आज तक नहीं देखा कि··।' कहती हुई वह उठकर हँसती हुई चली गई।

पाँच-छह दिन के बाद की बात है। सवेरे के समय इस घराने का

पुराना नाई यादव बाबू की हजामत बनाकर नीचे आ रहा था कि अमूल्य आकर उसके सामने खड़ा हो गया और बोला, 'कैलाश भैया, क्या तुम मेरे बाल भी नरेंद्र भैया की तरह बना सकते हो?'

'कैसे बाल भैया जी?'

अमूल्य ने अपने बालों को दिखाकर कहा, 'देखो, यहाँ बारह आना, यहाँ छह आना, यहाँ दो आना और यहाँ गरदन पर बिल्कुल बारीक?'

'अरे वैसे तो मेरा बाप भी न बना सकेगा!'

'अरे यह कौन कठिन है। बस यहाँ बारह आना, यहाँ छह आना।'

'लेकिन छोटी माँ जी की आज्ञा के बिना मैं कैसे छाँट दूँ?'

'अच्छा रुको, मैं पूछ आता हूँ। लेकिन नहीं, तुम अपनी छतरी मुझे दे दो नहीं तो तुम चल दोगे।' कहता हुआ वह नाई की छतरी लेकर भाग गया।

फिर अपनी छोटी माँ के कमरे में आँधी की तरह घुसकर बोला, 'माँ, जरा जल्दी से बाहर तो आना।'

पाँच-छह दिन के बाद की बात है। सवेरे के समय इस घराने का पुराना नाई यादव बाबू की हजामत बनाकर नीचे आ रहा था कि अमूल्य आकर उसके सामने खड़ा हो गया और बोला, 'कैलाश भैया, क्या तुम मेरे बाल भी नरेंद्र भैया की तरह बना सकते हो?'

बिंदो अभी-अभी नहाकर पूजा करने बैठी थी। चिल्ला पड़ी, 'अरे देख छूना मत, छूना मत, पूजा करती हूँ न!'

'पूजा बाद में करना, एक बार बाहर आकर हुक्म देकर चली जाना। नहीं तो वह मेरे बाल नहीं ठीक करेगा।'

बिंदो को ताज्जुब हुआ। अमूल्य के साथ बाल कटवाने के लिए सदा ही मारपीट करनी पड़ती थी। फिर आज वह अपनी ही इच्छा से क्यों छँटवाना चाहता है? वह कुछ समझ न पाई और बाहर निकल आई और तभी नाई बोल उठा, 'बड़ा कठिन हुआ है माँ जी। बारह आने, छह आने,

तीन आने, दो आने और एक आने के बाल छाँटने होंगे।'

अमूल्य बोल पड़ा, 'तुम गड़बड़ मत करो। अभी मैं नरेंद्र भैया को ही बुला लाता हूँ। देख लो।' कहकर वह उसे बुलाने चल पड़ा।

नरेंद्र घर पर नहीं था। निराश वापस आकर अमूल्य ने कहा, 'वह तो नहीं है पर माँ तुम्हीं समझा दो न। यहाँ बारह आना, यहाँ छह आना, यहाँ तीन आना, यहाँ बिल्कुल बारीक!'

बिंदो ने हँसकर चलना चाहा, 'लेकिन मुझे भी अभी पूजा करनी है न!'

'तुम बाद में पूजा करना, नहीं तो मैं तुम्हें छू दूँगा।'

विवश होकर बिंदो को रुकना ही पड़ा। नाई को भी बाल छाँटने पड़े। बिंदो ने इशारा कर दिया। उसने सब एक से बराबर छाँट दिए। अमूल्य ने प्रसन्नता से सिर पर हाथ फेरकर कहा, 'अब सब ठीक है।'

अमूल्य तो कूदता, उछलता चला गया। बगल में छतरी दबाकर नाई बोला, 'पर माँजी, कल मेरा घर में घुसना संभव न होगा।'

विवश होकर बिंदो को रुकना ही पड़ा। नाई को भी बाल छाँटने पड़े। बिंदो ने इशारा कर दिया। उसने सब एक से बराबर छाँट दिए। अमूल्य ने प्रसन्नता से सिर पर हाथ फेरकर कहा, 'अब सब ठीक है।'
अमूल्य तो कूदता, उछलता चला गया। बगल में छतरी दबाकर नाई बोला, 'पर माँजी, कल मेरा घर में घुसना संभव न होगा।'

उसके बाद बिंदो रसोईघर में दूध तैयार कर रही थी और मिसरानी थाली परोस रही थी कि पता लगा कि घर भर में घूम-घूमकर लल्ला अपने चाचा का बाल सँवारने वाला ब्रुश खोज रहा है। थोड़ी देर बाद आकर वह बिंदो की पीठ पर लगकर रोने लगा। बोला, 'माँ, उसने कुछ नहीं किया, सब खराब कर दिया। कल मैं उसे मार डालूँगा।'

बिंदो यह सब पहले से ही समझती थी। उसे हँसी आ गई और मिसरानी थाली परोस रही थी कि पता लगा कि घर भर में घूम-घूमकर लल्ला अपने चाचा का बाल सँवारने वाला ब्रुश खोज रहा है। थोड़ी देर बाद आकर वह बिंदो की पीठ पर लगकर रोने लगा। बोला, 'माँ, उसने कुछ नहीं किया, सब खराब कर दिया। कल मैं उसे मार डालूँगा।'

बिंदो यह सब पहले से ही समझती थी। उसे हँसी आ गई तो अमूल्य बहुत नाराज हो गया। चिल्ला पड़ा, 'क्या तुम अंधी हो? क्या आँखों से दिखाई नहीं देता!'

बिंदो यह सब पहले से ही समझती थी। उसे हँसी आ गई तो अमूल्य बहुत नाराज हो गया। चिल्ला पड़ा, 'क्या तुम अंधी हो? क्या आँखों से दिखाई नहीं देता!' शोरगुल सुनकर अन्नपूर्णा भी भागी आई। सब देख-सुनकर कहा, 'क्या हो गया? कल कह दूँगी ठीक से बना देगा!'

शोरगुल सुनकर अन्नपूर्णा भी भागी आई। सब देख-सुनकर कहा, 'क्या हो गया? कल कह दूँगी ठीक से बना देगा!'

अमूल्य और नाराज हो गया। बोला, 'अब कैसे कल बारह आना हो सकेगा। यहाँ के तो सभी बाल ही काट दिए हैं।'

अन्नपूर्णा ने सरलता से कहा, 'अरे तो आठ-दस आना तो हो सकता है न!'

'क्या खाक होगा? क्या आठ-दस आने का फैशन है? नरेंद्र भैया से पूछा, 'यहाँ पूरे बारह आने ही चाहिए।'

फिर उस दिन अमूल्य ने ठीक से खाया-पीया भी नहीं।

अन्नपूर्णा ने कहा, 'क्यों री, तेरे लल्ला को जुल्फी रखने का शौक कब से हो गया है?'

पहले तो बिंदो हँसी फिर गंभीर होकर लंबी साँस खींचकर बोली, 'जीजी, बात तो बहुत छोटी है इसी से हँसी आती है पर डर के मारे छाती

भी सूख रही है कि सभी बातें इसी तरह बढ़ती हैं।'

अन्नपूर्णा सब समझ रही थी। उससे भी आगे बोला न गया।

फिर दुर्गापूजा आ गई। उसी मुहल्ले में जमींदार के घर में काफी आमोद-प्रमोद का प्रबंध था। नरेंद्र तो जैसे दो दिन पहले से ही उसमें डूबा था। और सप्तमी की रात को आकर लल्ला छोटी माँ के पीछे गया। बोला, 'छोटी माँ, मैं भी यात्रा देखने जाऊँगा।'

'कब है यात्रा?'

'नरेंद्र भैया कहते थे कि रात को तीन बजे के बाद शुरू होगी।'

'तो क्या अभी से जाकर सारी रात ओस में रहेगा? ऐसा कैसे होगा! कब सवेरे अपने चाचा के साथ चले जाना।'

अमूल्य रोने लगा, 'नहीं माँ, भेज दो। चाचा पता नहीं जाएँगे या नहीं और जाने कितनी देर में जाएँ।'

'अच्छा तो तीन-चार बजे जब शुरू होगी तो नौकर के साथ भेज दूँगी। अभी तो सोजा।'

निराश व नाराज होकर अमूल्य दीवाल की ओर घूमकर लेट गया। बिंदो से उसे खींचा तो भी कड़ा बना पड़ा रहा। फिर शायद सभी लोग सो गए। बाहर की बड़ी घड़ी की आवाज से अमूल्य की नींद टूट गई। कान उठाकर वह गिनने लगा। एक—दो—तीन—चार!

निराश व नाराज होकर अमूल्य दीवाल की ओर घूमकर लेट गया। बिंदो से उसे खींचा तो भी कड़ा बना पड़ा रहा। फिर शायद सभी लोग सो गए। बाहर की बड़ी घड़ी की आवाज से अमूल्य की नींद टूट गई। कान उठाकर वह गिनने लगा। एक—दो—तीन—चार! हड़बड़ाकर वह उठ बैठा और जोरों से बिंदो को जगाकर बोला, 'जल्दी उठो छोटी माँ, चार बज गए।' अमूल्य ने सुना, बाहर की बड़ी घड़ी में बजता ही जा रहा था, पाँच, छह—सात—आठ—। अमूल्य रो पड़ा। इतना बज गया! अब क्या

जाऊँगा और बाहर बजता ही जा रहा था?—नव—दस—ग्यारह—बारह बजाकर जैसे ही घड़ी रुक गई तब अमूल्य को अपनी बेवकूफी समझ में आई। वह चुप हो गया।

कमरे में उधर माधव सोया था। हल्ला सुनकर जाग गया फिर पूछा, 'क्या हुआ रे लल्ला?'

लाज के मारे लल्ला कुछ न बोला।

बिंदो ने हँसकर कहा, 'आज जिस तरह इसने मुझे जगाया है घर में आग लगने पर भी कोई नहीं जगाता।'

अमूल्य को ऐसे देखकर उसे दया आई, वह बोली, 'अच्छा जा, चला जा, पर किसी से झगड़ा मत करना।'

गुस्सा से बिंदो का चेहरा लाल हो गया। बोली, 'आपने उस गुणी भांजे की बात सुनी? और लल्ला, अब तू वहाँ कतई मत जाना। हरामजादा बदमाश! क्या नरेंद्र ने बताया है कि मेरी तरह हैं वे दोनों?'

फिर भैरों को बुलाकर लालटेन साथ लेकर जाने को कहा।

और दूसरे दिन दस बजे के बाद बहुत खुश होकर लल्ला यात्रा देखकर लौटा और आते ही चाचा को देखकर कहा, 'अरे वाह तुम नहीं गए?'

बिंदो ने पूछा, 'कैसा लगा रे?'

'बहुत अच्छा, छोटी माँ और चाचा आज शाम को बढ़िया वाला नाच है। कलकत्ता से आवेंगी दो-दो नाचने वाली। नरेंद्र भैया तो पहले ही देख चुका है। बताया था कि बिल्कुल छोटी माँ की तरह हैं। बहुत अच्छा नाचेंगी। बाबूजी से भी कह दिया है।'

'ठीक किया!' माधव हँस पड़े।

गुस्सा से बिंदो का चेहरा लाल हो गया। बोली, 'आपने उस गुणी भांजे की बात सुनी? और लल्ला, अब तू वहाँ कतई मत जाना। हरामजादा बदमाश! क्या नरेंद्र ने बताया है कि मेरी तरह हैं वे दोनों?'

'हाँ, हाँ, वह देख जो चुका है।'

'अच्छा आने दो उसे। कहाँ है नरेंद्र?'

माधव बोले, 'क्या पागल हुई हो? चुप रहो न। भैया ने सब सुन लिया है। अब हल्ला मत करो।'

बिंदो बात पी तो गई पर भीतर उसके आग लगी थी। शाम होते ही आकर अमूल्य अन्नपूर्णा के पीछे पड़ गया। बोला, 'जीजी, पूजा का नाच देखने जाऊँगा, जल्दी ही लौट आऊँगा।'

'जाकर अपनी माँ से न पूछ।'

'नहीं जीजी, अभी ही लौट आऊँगा। तुम्हीं उनसे कह देना माँ मैं जाऊँ?

'नहीं रे। वह ऐसे ही नाराज रहती है, उसी से पूछ।'

धोती का पल्ला खींचकर अमूल्य रोने लगा, बोला, 'तुम छोटी माँ से मत कहना जीजी, मैं नरेंद्र भैया के साथ जाता हूँ। बस अभी वापस आ जाऊँगा।'

कहकर भाग खड़ा हुआ।

घंटे भर बाद बिंदो ने लल्ला को खोजना शुरू किया। अन्नपूर्णा सुनकर भी चुप रही। लेकिन बाद में बोलना ही पड़ा, 'कहीं नाच हो रहा है न! वहीं नरेंद्र के साथ गया है। अभी ही लौट आएगा। घबरा मत तू।'

*धोती का पल्ला खींचकर अमूल्य रोने लगा, बोला, 'तुम छोटी माँ से मत कहना जीजी, मैं नरेंद्र भैया के साथ जाता हूँ। बस अभी वापस आ जाऊँगा।'
कहकर भाग खड़ा हुआ। घंटे भर बाद बिंदो ने लल्ला को खोजना शुरू किया। अन्नपूर्णा सुनकर भी चुप रही। लेकिन बाद में बोलना ही पड़ा, 'कहीं नाच हो रहा है न! वहीं नरेंद्र के साथ गया है। अभी ही लौट आएगा। घबरा मत तू।'*

'किसने जाने दिया? क्या तुमने?'

अन्नपूर्णा कुछ सच या झूठ न कह सकी, बोली, 'अभी-अभी आ जाएगा।'

बिंदो का चेहरा काला हो गया। वह चली गई। और वापस आकर जब लल्ला ने सुना कि छोटी माँ बुला रही हैं तो वह चुपचाप सीधे जाकर अपने बाप के बिस्तरे पर पड़ा रहा। तब दिए की रोशनी में, चश्मा लगाए, यादव भागवत का पाठ कर रहे थे। मुँह उठाकर पूछा, 'कौन है रे? लल्ला?'

लल्ला चुप रहा।

कदम ने आकर कहा, 'चलो छोटी माँ बुलाती हैं!'

अमूल्य अपने पिता से और सट गया और बोला, 'बाबूजी, चलकर तुम्हीं पहुँचा दो। चलो न!'

यादव को ताज्जुब हुआ। बोले, 'मैं क्यों पहुँचा दूँ? क्या बात है कदम?'

कदम ने सारा किस्सा सुना दिया।

यादव समझ गए कि कलह के लिए काफी मसाला जुटा हुआ है। एक की आज्ञा है। एक ने मना किया है।

अमूल्य को साथ लेकर यादव ने छोटी बहू के कमरे के बाहर जाकर पुकारा, 'बहूरानी, इस बार माफ कर दो। कह रहा है कि अब ऐसा कभी न करेगा।'

बिंदो का चेहरा काला हो गया। वह चली गई। और वापस आकर जब लल्ला ने सुना कि छोटी माँ बुला रही हैं तो वह चुपचाप सीधे जाकर अपने बाप के बिस्तरे पर पड़ा रहा। तब दिए की रोशनी में, चश्मा लगाए, यादव भागवत का पाठ कर रहे थे। मुँह उठाकर पूछा, 'कौन है रे? लल्ला?'

उसी रात को खाना खाते समय बिंदो ने कहा, 'मैं तुम्हारे ऊपर कोई गुस्सा तो कर नहीं रही हूँ। लेकिन अब मैं यहाँ नहीं रह सकती। नहीं तो लल्ला एकदम बिगड़ जाएगा, वह जाएगा। मैं अगर मना करती तो बात थी, पर मैं तभी से यही सोच रही हूँ कि मना कर देने पर भी उसकी ऐसी हिम्मत कैसे पड़ी। फिर शरारत तो देखो कि मेरे पास भी नहीं आया, तुमसे पूछा और घर आने पर जब जाना कि मैं बुला रही हूँ तो पहुँच गया जेठजी

के पास। आया भी तो उन्हें साथ लेकर। नहीं-नहीं, जीजी, अभी तक इसमें यह सब आदतें नहीं थीं। और अब चाहे मुझे कलकत्ता में मकान किराए पर लेकर रहना पड़े पर एक ही लड़का है उसे कैसे बिगड़ने दूँ? बिगड़ गया तो जिंदगी भर आँसू बहाना पड़ेगा।'

अन्नपूर्णा रुँआसी होकर बोली, 'जब तुम्हीं सब चली जाओगी तो मैं अकेली कैसे रहूँगी?'

अन्नपूर्णा रुँआसी होकर बोली, 'जब तुम्हीं सब चली जाओगी तो मैं अकेली कैसे रहूँगी?'
'सो तुम जानो। मैं कह चुकी! क्योंकि यह नरेंद्र काफी खतरनाक लड़का है।'
'क्यों, नरेंद्र ने क्या किया? लेकिन क्या कभी सोचा है कि अगर ये दोनों सगे भाई होते तो क्या होता?'

'सो तुम जानो। मैं कह चुकी! क्योंकि यह नरेंद्र काफी खतरनाक लड़का है।'

'क्यों, नरेंद्र ने क्या किया? लेकिन क्या कभी सोचा है कि अगर ये दोनों सगे भाई होते तो क्या होता?'

'तो आज ही उसके हाथ-पाँव बँधवाकर जल बिछूटी लगवाकर घर से निकलवा देती। और कुछ भी हो जीजी, तुम इन लोगों को छोड़ दो।'

अन्नपूर्णा को बुरा लगा। बोली, 'छोटी बहू, क्या छोड़ना या न छोड़ना अपने हाथ में है? जो उन्हें यहाँ लाए हैं, उनसे जाकर कह न। मुझे क्यों कहती है?'

'तो जेठजी से यह सब कैसे कहूँ?'

'जैसे सभी बातें कहती है, यह भी कह!'

खाने पर से हाथ रोककर बिंदो ने कहा, 'देखो जीजी, मुझे बच्ची मत समझो। मेरी भी सत्ताईस-अट्ठाईस की उमर है। इस घर के रिश्तेदारों की बात मैं कह रही हूँ। तुम्हारे रहते मैं यह सब भला जेठजी से कैसे कह सकती हूँ? वे नाराज होंगे तो?'

'तुमसे तो सिर्फ नाराज होंगे पर अगर मैं कहूँ तो शायद जन्म भर मेरा मुँह ही न देखें। हम लोग फिर भी दूसरे ही हैं और वे दोनों तो भाई-बहन ही हैं न! फिर मैं कोई बच्ची नहीं, बूढ़ी हो गई हूँ। इस छोटी सी बात पर हंगामा उठाऊँ तो लोग पागल ही कहेंगे।'

बिंदो ने कुढ़कर थाली एक ओर खिसका दी। अन्नपूर्णा ने कहा, 'हाथ मत समेट कर बैठो! आखिर इस थाली ने क्या अपराध किया है?'

'मैं खा चुकी।'

अन्नपूर्णा को उससे उलझने की हिम्मत न पड़ी।

जब बिंदो सोने गई तो बिस्तर पर अमूल्य नहीं था। आकर उसने जेठानी से पूछा, 'लल्ला कहाँ गया?'

'आज शायद मेरे बिस्तरे पर सो गया। जाकर उठा लो।'

'नहीं-नहीं, रहने दो।' कहकर मुँह फुलाए चली गई।

फिर आधी रात गए अन्नपूर्णा की आवाज सुनकर बिंदो जाग गई।

'क्या है जीजी?'

'आज शायद मेरे बिस्तरे पर सो गया। जाकर उठा लो।'
'नहीं-नहीं, रहने दो।' कहकर मुँह फुलाए चली गई।
फिर आधी रात गए अन्नपूर्णा की आवाज सुनकर बिंदो जाग गई।
'क्या है जीजी?'

'अरे, दरवाजा खोलकर अपने लल्ला को सँभाल। उसकी शैतानी मेरे बस की नहीं है।'

फिर जैसे ही बिंदो ने दरवाजा खोला कि अमूल्य को साथ लेकर भीतर घुसते हुए अन्नपूर्णा ने कहा, 'अरे छोटी बहू, मैंने तो ऐसा लड़का आज तक नहीं देखा। रात के दो बज रहे हैं पर इसने तो पलक भी नहीं झपाने की। कभी इसे मच्छर काटते हैं, कभी प्यास लगती है, कभी गरमी लगती है। पंखा कहाँ तक झलूँ? फिर दिन भर की गृहस्थी में मैं थक जाती हूँ रात को बिना सोए मैं नहीं रह सकती।'

बिंदो ने हँसकर हाथ बढ़ाया ही था लल्ला उसकी गोद में जैसे समा गया और क्षणभर में छाती पर सिर रखकर सो गया। तभी अपने बिस्तर पर से माधव व्यंग्य स्वर में पुकार उठा, 'कहो भाभी! शौक पूरा हो गया?'

'यह मेरा शौक नहीं था लाला जी। वह तो खुद ही अपनी माँ से डरकर वहाँ घुसा था और मुझे सबक भी सिखा गया। कितने लज्जा की बात है कि कहता था कि तेरे पास सोने में शरम लगती है।'

सुनकर तीनों हँसने लगे। हँसती हुई अन्नपूर्णा भी चली गई। उसे बहुत नींद आ रही थी।

बिंदो ने हँसकर हाथ बढ़ाया ही था लल्ला उसकी गोद में जैसे समा गया और क्षणभर में छाती पर सिर रखकर सो गया। तभी अपने बिस्तर पर से माधव व्यंग्य स्वर में पुकार उठा, 'कहो भाभी! शौक पूरा हो गया?'

इसके लगभग दस दिन बाद की बात है। बिंदो के माता-पिता तीर्थयात्रा पर जा रहे थे, इसीलिए जाने से पहले भेंट करने के लिए लड़की को बुलाने को पालकी भेजी थी। जेठानी की आज्ञा भी मिल गई थी। बिंदो अमूल्य को छिपकर तीन-चार दिनों को नैहर जाने की तैयारी कर रही थी। तभी स्कूल की तैयारी में बगल में किताबें दबाए अमूल्य आ गया। थोड़ी देर पहले वह रास्ते के किनारे पालकी रखी देख आया था। अचानक उसकी नजर जब छोटी माँ के पाँवों पर पड़ी तो वह ठिठक गया। बोला, 'छोटी माँ, यह तुमने पाँवों में महावर क्यों लगाई है?'

अन्नपूर्णा वहीं थी। हँस पड़ी।

बिंदो ने टालना चाहा, 'आज लगाया जाता है।'

'फिर इतने गहने क्यों पहने हैं?'

हँसती हुई अन्नपूर्णा कमरे से बाहर चली गई। बिंदो को भी हँसी आ रही थी। अपने को रोककर उसने कहा, 'अभी तो तेरी बहू के आकर पहनने में बहुत देरी है। तो क्या हम अभी न पहनें? जा-जा, तू स्कूल जा।'

अमूल्य कुछ-कुछ समझ रहा था, बोला, 'जीजी इतना क्यों हँस रही

हैं ? तुम भी कहीं जा रही हो ? मैं तो आज स्कूल न जाऊँगा ?'

'तो क्या तेरी आज्ञा लेकर जाना पड़ेगा ?'

'अच्छा तो मैं जाता हूँ।'

और उसने जाते ही अन्नपूर्णा ने आकर कहा, 'मैं नहीं समझती थी कि वह इतनी आसानी से स्कूल चला जाएगा। लेकिन कितना होशियार है जो पूछता है महावर क्यों लगाई है ? इतने गहने क्यों पहने हैं ? अब भी मैं कहती हूँ कि अपने साथ लिये जा। नहीं तो स्कूल से आकर तुझे न देखकर वह बड़ा उपद्रव करेगा।'

'अब जाते समय मारपीट करोगी क्या ? साथ ही लिये जा ?'
'इसे साथ ले जाकर वहाँ मैं एक कदम भी नहीं हिल सकूँगी। यह तो बड़ी मुश्किल हुई।'
जैसा किसा है वैसा भोगो। क्यों लल्ला, क्या मेरे पास दो दिन भी नहीं रह सकता ?

'तो क्या जीजी, तुम समझती हो कि वह स्कूल गया होगा ? कदापि नहीं। यहीं कहीं छिपा बैठा होगा। देखना, ठीक मौके पर प्रकट हो जाएगा।'

और बिंदो की बात ठीक ही निकली। वह सचमुच छिपा हुआ था। अन्नपूर्णा के पाँव छूकर बिंदो पालकी पर चढ़ने जा रही थी कि जाने कहाँ से अमूल्य आ गया और बिंदो का पल्ला पकड़कर खड़ा हो गया। दोनों ही देवरानी-जेठानी हँसने लगीं।

'अब जाते समय मारपीट करोगी क्या ? साथ ही लिये जा ?'

'इसे साथ ले जाकर वहाँ मैं एक कदम भी नहीं हिल सकूँगी। यह तो बड़ी मुश्किल हुई।'

जैसा किसा है वैसा भोगो। क्यों लल्ला, क्या मेरे पास दो दिन भी नहीं रह सकता ?

लल्ला ने जिद पकड़कर कहा, 'नहीं, नहीं, मैं तुम्हारे पास नहीं रहूँगा। मैं जाऊँगा।' और वह जाकर पालकी पर बैठ गया।

छह

बिंदो नैहर से लौट आई।

इसके करीब दस दिन बाद, एक दिन दोपहर को अन्नपूर्णा ने उसके कमरे में आकर पुकारा, 'छोटी बहू!'

उस समय बिंदो अपने सामने बहुत ढेर से कपड़ों को फैलाए बैठी थी। अन्नपूर्णा ने पूछा, 'धोबी आया है क्या?'

एकाएक बिंदो ने रोकर कहा, 'जीजी, मैं तुम्हारे पाँव पड़ती हूँ। उन लोगों को यहाँ से विदा कर दो। और नहीं तो हम लोगों को ही कहीं और भेज दो।' अन्नपूर्णा भला क्या जवाब देती! वह चुपचाप खड़ी रही फिर वैसे ही चली गई।

इस पर भी बिंदो न बोली तो घबराकर अन्नपूर्णा ने पूछा—

'तुझे क्या हुआ है रे?'

बिंदो ने अपने हाथ में लिये हुए सिगरेट के जले हुए टुकड़ों को दिखाकर कहा, 'देखो न, लल्ला के कमीज की जेब में यह निकले हैं।'

अन्नपूर्णा देखकर स्तब्ध रह गई।

एकाएक बिंदो ने रोकर कहा, 'जीजी, मैं तुम्हारे पाँव पड़ती हूँ। उन लोगों को यहाँ से विदा कर दो। और नहीं तो हम लोगों को ही कहीं और भेज दो।'

अन्नपूर्णा भला क्या जवाब देती! वह चुपचाप खड़ी रही फिर वैसे ही चली गई।

तीसरे पहर अमूल्य स्कूल से लौटा और नाश्ता करके फिर खेलने चला गया। बिंदो ने तब तो उससे कुछ न कहा। तभी भैरों नौकर ने आकर शिकायत की कि बिना कसूर ही नरेंद्र ने उसे चाँटा मारा है।

बिंदो जैसे ही खीज गई बोली, 'जाकर जीजी से कहो न।'

तभी माधव कचहरी से लौटे और कपड़े बदलते हुए कुछ मजाक के स्वर में बोले पर तभी फटकार सुनकर वह चुप हो गए। भविष्य में बरसने

के लिए कितने काले बादल मँडरा रहे थे, यह बात घर में सिर्फ अन्नपूर्णा ही जानती थी। घबराहट से जैसे वह मन-ही-मन घबरा रही थी। तभी अकेले में मौका पाकर बिंदो का हाथ पकड़कर उसने बड़े विनीत कंठ से कहा, 'चाहे जो भी हो। है तो वह तेरा ही लड़का न! इस बार उसे माफ कर दे। और चाहे अकेले में बुलाकर डाँट-फटकार दे।'

बिंदो बहुत भरी थी। एकाएक बोल उठी, 'यह तो मैं भी जानती हूँ और तू भी यह जानती है कि वह मेरा लड़का नहीं है तो बेकार बात बढ़ाने से क्या फायदा?'

अन्नपूर्णा ने उसी तरह कहा, 'नहीं, नहीं, तू ही उसकी माँ है। मैंने तो तुझे ही दे दिया है!'

'हाँ जब छोटा था, खिलाया, पिलाया। अब बड़ा हो गया है! अब अपना लड़का तुम्हीं ले लो। मैं बाज आई।' कहकर बिंदो चली गई।

रात को रोनी सूरत बनाए अमूल्य अन्नपूर्णा के पास सोने गया।

बिंदो बहुत भरी थी। एकाएक बोल उठी, 'यह तो मैं भी जानती हूँ और तू भी यह जानती है कि वह मेरा लड़का नहीं है तो बेकार बात बढ़ाने से क्या फायदा?' अन्नपूर्णा ने उसी तरह कहा, 'नहीं, नहीं, तू ही उसकी माँ है। मैंने तो तुझे ही दे दिया है!'

अन्नपूर्णा भीतर की बात जानती थी, झुँझलाकर बोली, 'यहाँ क्यों आया? जा यहाँ से! चला जा। मैं कहती हूँ।'

अमूल्य ने मुड़कर देखा। यादव भी सो रहे थे। बिना कुछ बोले ही वह वहाँ से चला गया।

सवेरे जब कदम रसोईघर में जूठे बरतन उठाने गई तो देखा कि लकड़ी और कंडों के पास अमूल्य सो रहा था। भागकर वह गई और बिंदो को उठा लाई। अन्नपूर्णा भी आकर पास ही खड़ी हो गई। देखते ही तीखी आवाज में बिंदो ने कहा, 'लगता है रात को जेठानी जी ने दुत्कार दिया होगा, क्योंकि

इसके रहने से उनकी नींद में बाधा पड़ती न!'

लड़के को इस तरह देखकर अन्नपूर्णा का दिल रो रहा था। आँखों में आँसू छलक आए लेकिन बिंदो को इस प्रकार की भर्त्सना सुनकर बोली, 'अपनी गलती दूसरे के सिर लगाना ही तो तू जानती है।'

बिंदो जब लल्ला को उठाने आगे बढ़ी तो देखा कि उसकी देह जल रही थी। बुखार चढ़ा था, बोली, 'क्वार-कार्तिक की रात में ओस में रहने से बुखार तो आएगा ही।'

अन्नपूर्णा भी व्याकुल हो उठी, 'क्या बुखार आ गया है? देखें तो।'

बिंदो ने उसके हाथ को झटक दिया, 'अब देखने की जरूरत नहीं है।'

कहकर सोते बच्चे को गोद में उठाकर वह अन्नपूर्णा पर क्रुद्ध विषैली नजर फेंकती हुई चली गई।

अन्नपूर्णा भी व्याकुल हो उठी, 'क्या बुखार आ गया है? देखें तो।'
बिंदो ने उसके हाथ को झटक दिया, 'अब देखने की जरूरत नहीं है।'
कहकर सोते बच्चे को गोद में उठाकर वह अन्नपूर्णा पर क्रुद्ध विषैली नजर फेंकती हुई चली गई।

अमूल्य तो पाँच-छह दिनों में ही अच्छा हो गया। लेकिन बिंदो जेठानी के अपराध को अपने मन से न निकाल सकी। वह उससे अब अच्छी तरह बोलती भी नहीं।

अन्नपूर्णा सब समझती थी पर चुप ही बनी रही। इसे वह अन्याय समझती थी कि सबों के सामने ही बिंदो ने सारा दोष उसी पर लगाया, भला वह कैसे भूलती। इसी बात को एक दिन जाने किस प्रसंग में वह एलोकेशी से कह बैठी, 'यह तो छोटी बहू के कारण ही उसे बुखार आया था। वह तो कहो कि तकदीर अच्छी थी कि बच गया, मरा नहीं।'

और यह बात बिंदो तक पहुँचा देने में एलोकेशी ने तनिक भी देरी न की। बिंदो ने सब बहुत गौर से सुना पर कहा कुछ नहीं। एलोकेशी के अलावा भी कोई न जान सका कि यह बात बिंदो को मालूम है। इस बात

से बस एक बात हुई कि बिंदो ने जेठानी से बोलचाल भी बंद की दी।

कई दिन से नए मकान में घर का सामान पहुँचाया जा रहा था। कल सवेरे नए मकान में जाना होगा। उस समय माधव किसी मुकदमे के काम से बाहर गए थे और यादव बच्चों को लेकर नए मकान पर थे कि इस पुराने मकान में एक भयंकर घटना हो गई। शाम को मास्टर पढ़ाने आए तो उन्हें बुलवाकर बिंदो ने कहा, 'कि कल से वे नए मकान में पढ़ाने के लिए आवें।'

जो आज्ञा कहकर मास्टर जाने लगा तो अचानक जाने क्या सोचकर बिंदो पूछ बैठी, 'कहिए, आपका शिष्य पढ़ता-लिखता ठीक है न?'

'पढ़ने में तो सदा तेज रहा है। हर साल ही तो फस्र्ट आता है।'

'सो तो मालूम है पर आजकल यह चुरुट पीना कैसे सीख गया?'

'क्यों? चुरुट पीना सीख गया?' मास्टर को बड़ा ताज्जुब था, पर दूसरे ही क्षण जैसे उसे कुछ याद आया तो बोला, 'कोई आश्चर्य की बात नहीं। लड़के देखा-देखी सभी बुरी बातें सीख जाते हैं।'

'क्यों? चुरुट पीना सीख गया?' मास्टर को बड़ा ताज्जुब था, पर दूसरे ही क्षण जैसे उसे कुछ याद आया तो बोला, 'कोई आश्चर्य की बात नहीं। लड़के देखा-देखी सभी बुरी बातें सीख जाते हैं।' 'किसकी देखा-देखी सीखा है?'

'किसकी देखा-देखी सीखा है?'

मास्टर चुप ही रहा।

बिंदो ने कहा, 'तो उसके बाप से यह भी बता दीजिए!'

मास्टर ने सिर हिलाया, फिर बोला, 'हाँ, याद आया। अभी-अभी पाँच-छह दिन ही तो हुए। उस दिन स्कूल के रास्ते पर उस उड़िया माली के बाग में घुसकर उसके सब कच्चे फल तोड़कर पेड़-पौधे भी उखाड़े और उसे भी खूब मारा-पीटा। बड़ा बखेड़ा खड़ा कर दिया था।'

'फिर!'

'माली ने हैडमास्टर साहब से जाकर शिकायत की। काफी शोरगुल किया तो उन्होंने लड़कों पर दस रुपया जुर्माना करके और उसे देकर शांत किया।'

'क्या लल्ला भी था? उसे रुपए कहाँ से मिले?'

सीधे वह रसोईघर में गई। अन्नपूर्णा तरकारी छोंक रही थी। मुँह उठाकर उसने देखा कि छोटी बहू के चेहरे पर घनघोर घटा छाई थी। बिंदो ने सीधा प्रश्न किया, 'जीजी, क्या इन दिनों तुमने लल्ला को रुपए दिए थे?' अन्नपूर्णा तो पहले से ही सशंकित थी। डर से उसकी जुबान रुक गई। फिर भी सँभलकर बोली, 'किसने कहा?'

'यह तो नहीं मालूम, पर वह भी था। आपके नरेंद्र महाशय भी थे और स्कूल के चार-पाँच शरारती लड़के। हैडमास्टर साहब ने ही बताया था।'

'क्या रुपए भी जमा हो गए?'

'जी हाँ।'

'अच्छा आप जाइए।' कहकर बिंदो गंभीर मुद्रा में ही बैठी रही।

जब मास्टर चला गया तो स्वतः ही बोली, 'मुझसे छिपाकर रुपए भी दे दिए! इस घर में इतनी हिम्मत किसकी हुई?'

एक तो वह मन ही मन दुखी थी फिर जेठानी से बोलचाल भी बंद थी। फिर इस समाचार ने तो जैसे उसके दिमाग को ही बेकार कर दिया।

सीधे वह रसोईघर में गई। अन्नपूर्णा तरकारी छोंक रही थी। मुँह उठाकर उसने देखा कि छोटी बहू के चेहरे पर घनघोर घटा छाई थी। बिंदो ने सीधा प्रश्न किया, 'जीजी, क्या इन दिनों तुमने लल्ला को रुपए दिए थे?'

अन्नपूर्णा तो पहले से ही सशंकित थी। डर से उसकी जुबान रुक गई। फिर भी सँभलकर बोली, 'किसने कहा?'

'यह बात नहीं है। बात यह है कि उसने क्या कारण बताकर लिया

और तुमने क्या समझकर दिया ?'

अन्नपूर्णा चुप ही रही।

बिंदो ने उबलते हुए कहा, 'तुम नहीं चाहतीं कि मैं उस पर कोई कड़ाई करूँ इसीलिए न दे दिया है ? मुझसे छिपाकर! लल्ला और चाहे जो करे पर शायद वह बड़ों के आगे झूठ न बोलेगा। यह सच है कि नहीं, कि तुमने जान-बूझकर दिए हैं ?'

अन्नपूर्णा ने धीरे से अपराधिन की तरह कहा, 'हाँ सच है, पर इस बार उसे माफ कर दे बहन, मैं माफी माँगती हूँ।'

बिंदो के कलेजे में तो आग धधक रही थी न। उसने कहा, 'सिर्फ इस बार क्यों माफ करूँ ? आज से सदा के लिए ही माफ कर दूँगी। आज के बाद फिर कभी न कहूँगी। बल्कि कोई भी बात न करूँगी। हाँ, मुझसे यह नहीं सहा जाता कि वह थोड़ा-थोड़ा करके आँखों के सामने ही जहन्नुम में चला जाए। इससे अच्छा होता कि वह पूरी तरह ही चला जाए। लेकिन तुम्हारी हिम्मत कैसे पड़ी ?'

आखिरी बात बिंदो ने जरा कड़ाई से कही थी। फिर भी अन्नपूर्णा ने कोई जवाब न दिया। मगर बिंदो जितना ही ज्यादा बोलती जाती थी; उतना ही उसका भी गुस्सा भड़कता जाता था। बिंदो ने अंत में बहुत बिगड़कर कहा, 'हर बात में तुम अबोध बनकर कह देती हो कि अब की बार माफ कर दो। लेकिन उसमें उसका इतना दोष नहीं है जितना तुम्हारा। मैं तुम्हें कदापि माफ नहीं कर सकती।'

आखिरी बात बिंदो ने जरा कड़ाई से कही थी। फिर भी अन्नपूर्णा ने कोई जवाब न दिया। मगर बिंदो जितना ही ज्यादा बोलती जाती थी; उतना ही उसका भी गुस्सा भड़कता जाता था। बिंदो ने अंत में बहुत बिगड़कर कहा, 'हर बात में तुम अबोध बनकर कह देती हो कि अब की बार माफ कर दो। लेकिन उसमें उसका इतना दोष नहीं है जितना तुम्हारा। मैं तुम्हें

कदापि माफ नहीं कर सकती।'

घर के नौकर-चाकर भी छिपकर वह वार्त्तालाप सुन रहे थे।

जब अन्नपूर्णा की सहनशक्ति के बाहर हो गया तो वह चिल्ला पड़ी, 'तो क्या करोगी? क्या फाँसी लगा दोगी।'

आग में जैसे घी पड़ गया। बिंदो तो बारूद के ढेर में जैसे आग लग गई हो एकाएक जलकर बोली—

'तुम्हारी वही ठीक सजा होगी!'

'हाँ, यही अपराध किया है न कि अपने लड़के को दो रुपए दे दिए?'

बात कहाँ से कहाँ पहुँच गई। बिंदो जैसे असली बात भूल गई और वह कह बैठी, 'वो भी तुम क्यों दोगी? यों बरबाद करने को रुपए कहाँ से आए?'

'क्या तू रुपए बरबाद नहीं करती?'

'मैं बरबाद करती हूँ तो अपने ही रुपए। तुम किसके रुपए फूँकती हो, जरा यह तो बताओ?'

अब अन्नपूर्णा अपना क्रोध न रोक सकी। वह गरीब घराने की लड़की थी इसलिए उसने समझा कि बिंदो का इशारा उसी तरफ है। एकदम से उठ खड़ी हुई और बोली, 'जानती हूँ कि तू बहुत धनी रईस की बेटी है पर इसी बात पर इतना घमंड न कर कि किसी के पास दो रुपए भी न होंगे।'

अब अन्नपूर्णा अपना क्रोध न रोक सकी। वह गरीब घराने की लड़की थी इसलिए उसने समझा कि बिंदो का इशारा उसी तरफ है। एकदम से उठ खड़ी हुई और बोली, 'जानती हूँ कि तू बहुत धनी रईस की बेटी है पर इसी बात पर इतना घमंड न कर कि किसी के पास दो रुपए भी न होंगे।'

'मैं घमंड नहीं करती। पर तुम भी सोचकर देखो कि तुम जो एक पैसा भी खर्च करती हो तो किसका है।'

अन्नपूर्णा सुनकर चीख उठी, 'किसका पैसा है? तेरे मुँह में जो भी आता है तू कह डालती है! जा, दूर चली जा मेरी आँखों के सामने से।'

'दूर तो मैं रात बीतते ही चली जाऊँगी। लेकिन यह किसका पैसा खर्च करती हो सो शायद समझ में नहीं आता। किसकी कमाई खाती-पहनती हो, क्या यह भी नहीं जानतीं?'

इतना कह तो गई बिंदो पर कह चुकने पर उसे ध्यान आया और स्तब्ध रह गई।

अन्नपूर्णा का चेहरा भी अपमान से फक्क था। छोटी बहू के चेहरे को गौर से देखकर उसने एकाएक कहा, 'हाँ, तेरे पति की कमाई खाती हूँ। मैं तुम्हारी दासी व बाँदी हूँ। मेरे पति तेरे ही नौकर-चाकर हैं। यही कहना चाहती है न! लेकिन यह अपने मन की बात तूने इतने दिनों क्यों छिपा रखी?'

अन्नपूर्णा का चेहरा भी अपमान से फक्क था। छोटी बहू के चेहरे को गौर से देखकर उसने एकाएक कहा, 'हाँ, तेरे पति की कमाई खाती हूँ। मैं तुम्हारी दासी व बाँदी हूँ। मेरे पति तेरे ही नौकर-चाकर हैं। यही कहना चाहती है न! लेकिन यह अपने मन की बात तूने इतने दिनों क्यों छिपा रखी?'

अन्नपूर्णा के ओठ काँप रहे थे। उसने अपने दाँतों से ओठ को दबाकर रोकना चाहा फिर कहा, 'छोटी बहू, तब तू कहाँ थी जब उन्होंने छोटे भाई को पढ़ाने के लिए दो धोती एक साथ खरीद कर भी न पहनीं? तब तू कहाँ थी जब घर में आग लग जाने पर वृक्ष के नीचे खाना पकाकर उन्होंने इस पैतृक मकान को बनवाया?'

कहते-कहते अन्नपूर्णा की आँखें आँसू टपकाने लगीं। अपने आँचल से उन्हें सुखाकर वह बोली, 'उन्हें अगर तुम लोगों के मन का भेद मालूम होता तो वे कभी भी इस तरह अफीम के नशे में आँखें मूँदकर हुक्का पीते पड़े न रहते। वे ऐसे आदमी नहीं हैं। उन्हें पहचानते हैं तेरे पति या पहचानते हैं स्वर्ग के देवता। आज मेरा बहाना लेकर तूने उनका अपमान किया है।'

क्षणभर पति के गर्व से अन्नपूर्णा जैसे फूलती रही फिर बोली, 'अच्छा

ही किया सतर्क कर दिया। मालूम है सती ने आत्महत्या की थी! मैं भी कसम खाती हूँ कि किसी के घर रसोई–पानी करके पेट पालूँगी, पर अब तेरा अन्न न छुऊँगी। तूने किया भी क्या—उनका अपमान?'

ठीक तभी यादव आँगन में आकर खड़े हुए और पुकारा, 'बड़ी बहू!'

पति की आवाज सुनकर अन्नपूर्णा का आत्माभिमान तूफान से बदलकर भयानक समुद्र की तरह उन्मत्त हो गया। बाहर आकर वह चिल्लाकर बोली, 'छिह, छिह! जो आदमी पत्नी और संतान का पेट भी नहीं पाल सकता हो उसको गले में फाँसी लगाकर मर जाने के लिए क्या रस्सी का टुकड़ा भी नहीं जुटता?'

पति की आवाज सुनकर अन्नपूर्णा का आत्माभिमान तूफान से बदलकर भयानक समुद्र की तरह उन्मत्त हो गया। बाहर आकर वह चिल्लाकर बोली, 'छिह, छिह! जो आदमी पत्नी और संतान का पेट भी नहीं पाल सकता हो उसको गले में फाँसी लगाकर मर जाने के लिए क्या रस्सी का टुकड़ा भी नहीं जुटता?'

यादव की कुछ समझ में न आया। बोले, 'क्या हुआ?'

'अभी भला क्या हुआ है? छोटी बहू ने आज साफ–साफ कह दिया कि मैं उसकी दासी हूँ और तुम उनके नौकर हो।'

कमरे के भीतर खड़ी बिंदो ने दाँतों से जीभ दबाकर कानों में उँगली डाल ली।

अन्नपूर्णा रो–रोकर कह रही थी, 'तुम्हारे जीते जी ही आज मुझे यह बात सुननी पड़ी है कि मुझे किसी को एक पैसा भी दे देने का हक नहीं है। आज तुम्हारे सामने मैं यह कसम खाती हूँ कि इन लोगों का अन्न खाने के पहले मुझे अपनी संतान का सिर खाना पड़ेगा!'

बिंदो ने यह प्रतिज्ञा स्पष्ट सुनी। उसने धीरे से कहा, 'जीजी, यह क्या किया तुमने!'

इतना कहकर वहीं पर गरदन झुकाकर आज पूरे बारह बरस बाद अचानक बिंदो फिर से मूर्च्छित होकर गिर पड़ी।

सात

अन्नपूर्णा और अमूल्य के सिवा नए मकान में सभी आ गए थे। बिंदो की बुआ की लड़की, नाती-नातिनी, मायके से माँ-बाप, नौकर-चाकर के आ जाने से घर तो भर गया था लेकिन बिंदो ही जरा उदास दिखती थी। लेकिन शीघ्र ही उसका मन समझ गया था कि उसे संदेह न करना चाहिए कि गुस्सा शांत होते ही अन्नपूर्णा आ जाएगा। बिंदो पाठ-पूजा के उपरांत लोगों को खिलाने-पिलाने में लग गई।

बिंदो के पिता ने पूछा, 'बेटी, तेरा लल्ला नहीं दिखता?'

छोटा सा उत्तर था बिंदो का, 'वह उसी घर में है।'

'शायद तेरी जेठानी नहीं आई!'

'नहीं।'

'ठीक भी है! सभी चले आवें तो उस मकान को कौन सँभालेगा। पैतृक मकान बंद भी तो नहीं रखा जा सकता!'

बिंदो चुपचाप अपने काम में फिर व्यस्त हो गई।

बिंदो के पिता ने पूछा, 'बेटी, तेरा लल्ला नहीं दिखता?' छोटा सा उत्तर था बिंदो का, 'वह उसी घर में है।' 'शायद तेरी जेठानी नहीं आई!' 'नहीं।' 'ठीक भी है! सभी चले आवें तो उस मकान को कौन सँभालेगा। पैतृक मकान बंद भी तो नहीं रखा जा सकता!'

यादव रोज शाम को नियमपूर्वक एक बार आकर बाहर बैठ जाते और बातचीत करके तथा हाल-चाल पूछकर चले जाते थे। पर कभी वह भीतर न जाते। गृह-प्रवेश के एक दिन पूर्व, रात में, एक बार भीतर जाकर एलोकेशी

को बुलाकर हाल-चाल पूछ रहे थे। बिंदो को पता लगा तो आकर ओट में छिपकर सब सुनने लगी। पिता से बढ़कर इस जेठ ने उसे बचपन से आज तक अखंड स्नेह व प्यार दिया था। कितने स्नेह से वह पुकारते थे। यादव उसे सदा ही 'बहूरानी' कहकर पुकारते थे। कभी भूलकर भी उन्होंने 'छोटी बहू' नहीं कहा। अपनी जेठानी से झंझट करके जेठजी से उसने जेठानी की जाने कितनी ही शिकायतें की हैं और कभी भी उसकी शिकायत को महत्त्वहीन नहीं समझा गया। आज उनके सामने लज्जा से बिंदो की आवाज ही रुक गई। यादव जब चले गए तो एक सूने कमरे में जाकर बिंदो अपने मुँह में आँचल ठूँसकर फूट-फूटकर रोने लगी। घर आदमियों से भरा था, कहीं कोई सुन न ले!

बिंदो को पता लगा तो आकर ओट में छिपकर सब सुनने लगी। पिता से बढ़कर इस जेठ ने उसे बचपन से आज तक अखंड स्नेह व प्यार दिया था। कितने स्नेह से वह पुकारते थे। यादव उसे सदा ही 'बहूरानी' कहकर पुकारते थे।

दूसरे दिन सवेरे बिंदो ने अपने पति को बुलाकर कहा, 'देर हो रही है। पुरोहित जी बैठे हैं और अभी तक जेठ जी नहीं आए।'

माधव ने प्रश्न किया, 'वे क्यों आएँगे?'

बिंदो को आश्चर्य हुआ, 'वे क्यों आवेंगे? उनके अलावा यह सब और कौन करेगा?'

माधव बोला, 'मैं या प्रियनाथ जीजाजी! भैया न आ सकेंगे।'

बिंदो ने नाराज होकर कहा, 'न आ सकेंगे! भला यह कहने से कैसे काम चलेगा? उनके रहते हुए घर में किसी को और यह सब करने का अधिकार कैसे होगा? नहीं, नहीं, यह नहीं हो सकता। उनके सिवा मैं और किसी को कुछ न करने दूँगी।'

'तो सब यों ही पड़ा रहने दो। अभी वे घर नहीं हैं। काम पर गए हैं।'

'तो यह सब बड़ी मालकिन की ही कारस्तानी है। तो फिर शायद वे भी न आवें।' कहती हुई रोनी सूरत बनाए बिंदो चली गई। उसके लिए एक ही क्षण में जैसे यह पूजापाठ, उत्सव, खाना-पीना सब बेकार हो गया। तीन दिनों से हर क्षण वह यही सोचती थी कि आज जेठ जी आवेंगे, जीजी आवेंगी, लल्ला आएगा। उसके अलावा यह बात भला और कौन जानता था कि आज के उत्सव पर ही उसका सबकुछ निर्भर है। पति की इस बात से जैसे सबकुछ मिट गया और उत्सव का यह सब परिश्रम पत्थर की तरह छाती पर भार बन गया था।

तभी एलोकेशी ने आकर कहा, 'छोटी बहू, जरा भंडार की चाबी देना, हलवाई संदेश लेकर आया है।'

'बीबीजी, अभी वहीं रखवा लो, फिर बाद में देखा जाएगा।'

'कहाँ रखवाऊँ? कौवे, बिल्ली मुँह डालेंगे न!

'तो फिंकवा दो।' कहकर चिढ़ी सी बिंदो वहाँ से हट गई।

तभी एलोकेशी ने आकर कहा, 'छोटी बहू, जरा भंडार की चाबी देना, हलवाई संदेश लेकर आया है।'

'बीबीजी, अभी वहीं रखवा लो, फिर बाद में देखा जाएगा।'

'कहाँ रखवाऊँ? कौवे, बिल्ली मुँह डालेंगे न!

'तो फिंकवा दो।' कहकर चिढ़ी सी बिंदो वहाँ से हट गई।

तभी बुआजी ने आकर पूछा, 'क्यों बिंदो, कितना आटा साना जाए जरा एक बार अंदाजा बता दो न।'

'मैं क्या जानूँ। तुम लोग इतनी बड़ी-बूढ़ी हो, क्या तुम्हें अंदाज नहीं?'

बुआजी को यह बुरा लगा। बोलीं, 'इसकी बात सुनो! मुझे क्या मालूम कि कितने आदमी इस समय खाएँगे?'

'तो उनसे ही जाकर पूछ लो न! यह सब काम जीजी करती थीं। लल्ला के जनेऊ पर तीन दिन तक शहर के सब लोगों ने खाया-पिया था,

पर उन्होंने एक बार भी नहीं पूछा कि छोटी बहू फलाना काम है या कुछ देख जाकर।' कहती हुई बिंदो दूसरे कमरे में चली गई। तभी कदम ने आकर पूछा, 'जीजी, जमाईबाबू पूछते हैं कि पूजा के कपड़े-लत्ते··· ?'

उसकी बात पूरी न हो पाई थी कि बिंदो चीख उठी, 'तुम लोग मुझे ही खा डालो। खालो मुझे या मेरी आँखों से दूर हो जाओ।'

घबराकर कदम भाग गई।

थोड़ी देर बाद माधव आया और कई बार प्रश्न पूछा, 'अरे कहाँ हो, सुनती हो!'

पास आकर खीझी सी बिंदो बोली, 'मुझसे कुछ नहीं होता। मैं कुछ नहीं कर सकती। मैं कुछ नहीं करूँगी।'

माधव भी आश्चर्य से उसका मुँह ताकते रहे।

थोड़ी देर बाद माधव आया और कई बार प्रश्न पूछा, 'अरे कहाँ हो, सुनती हो!' पास आकर खीझी सी बिंदो बोली, 'मुझसे कुछ नहीं होता। मैं कुछ नहीं कर सकती। मैं कुछ नहीं करूँगी।' माधव भी आश्चर्य से उसका मुँह ताकते रहे।

उसी गुस्से में बिंदो ने कहा, 'मुझे क्या करोगे? क्या फाँसी दोगे? कुछ न बजे तो वही करो।'

कहती हुई रोती हुई बिंदो वहाँ से चली गई। इधर दिन भी चढ़ने लगा था।

प्रयोजनहीन, बिना काम के ही छटपटाती हुई इधर-उधर भागती रही बिंदो और सब पर बिगड़ती रही। बिना बात ही लोगों की गलतियाँ पकड़-पकड़कर बिगड़ती रही। किसी ने जल्दबाजी में अगर रास्ते में कहीं बरतन रख दिए हों तो वह उसे आँगन में फेंक देती। किसी की सूखती धोती अगर छू गई तो उसे सिखा देने का इतना ही काफी है। जो भी सामने पड़ता था, डरकर भाग जाता था।

अंत में पुरोहित जी खुद भीतर आए और तनिक रंज होकर कहा,

'बड़ी ही परेशानी है। कोई भी इंतजाम अभी तक पूरा नहीं हो सकता है और इतनी देर भी हो रही है!'

उसी उलझन में जरा मुँह घुमाकर बिंदो ने कहा, 'पंडितजी, कामकाज के घर में थोड़ी-बहुत देर-अबेर तो होती ही है।' कहकर रास्ते में पड़े एक बरतन को पाँव से हटाती हुई वह कमरे में जाकर जमीन पर ही निर्जीव सी पड़ गई। और कोई दस मिनट ही बीते होंगे कि उसके कानों में कोई चिरपरिचित स्वर सुनाई पड़ा। एकाएक वह उठ खड़ी हुई और जो बाहर झाँककर देखा तो पाया कि अन्नपूर्णा आकर आँगन में खड़ी हो गई थी। दु:ख और अभिमान से मिश्रित रुलाई को उसने आँखें, आँचल से सुखाकर रोका और गले में आँचल लपेटकर और हाथ जोड़कर आकर जेठानी से बोली, 'और कितनी दुश्मनी निभाओगी जीजी? देखो न, ग्यारह बज गए और कोई काम अभी तक नहीं हुआ। मेरे जहर खाने से ही अगर तुम्हें शांति मिले तो फिर घर जाकर एक टोकरी में वही भेज दो।' कहते हुए उसने चाभी का गुच्छा जेठानी के पाँवों पर फेंक दिया और वापस अपने कमरे में चली गई। भीतर से दरवाजा बंद कर लिया और जमीन पर लोटकर रोने लगी।

अन्नपूर्णा ने चुपचाप चाभी का गुच्छा उठाया, कमरे का दरवाजा खोला और भंडार में चली गई।

तीसरे पहर तक लोगों का आना-जाना व खाने-पीने की भीड़ भी समाप्त हो गई थी। फिर भी जाने किस बेचैनी के कारण बिंदो बार-बार भीतर-बाहर ही आ-जा रही थी।

अन्नपूर्णा ने चुपचाप चाभी का गुच्छा उठाया, कमरे का दरवाजा खोला और भंडार में चली गई।

तीसरे पहर तक लोगों का आना-जाना व खाने-पीने की भीड़ भी समाप्त हो गई थी। फिर भी जाने किस बेचैनी के कारण बिंदो बार-बार भीतर-बाहर ही आ-जा रही थी।

तभी ही भागता हुआ नौकर भैरों आया और चिल्लाया, 'लल्ला बाबू तो स्कूल में नहीं हैं।'

सुनते ही बिंदो की आँखों से आग बरसने लगी। चिल्लाकर डाँट के स्वर में वह बोली, 'नालायक है तू। इतनी देर तक भला कोई लड़का स्कूल में रहता है! जाकर उस घर में तो देख!'

भैरों ने कहा, 'उस घर में भी तो नहीं है, देख लिया है।'

'तो कहीं नीचों के साथ गुल्ली-डंडा खेल रहा होगा। अब भला उसे किसका डर होगा! इस खेल में जब एकाध आँख फूटेगी तभी बड़ी मालकिन का जी ठंडा होगा। जा भागकर जा, जहाँ भी हो पकड़कर ले आ।'

अन्नपूर्णा भंडारघर की चौखट पर और औरतों से बातें कर रही थी। बिंदो की बात उसने पूरी तरह सुनी।

और काफी रात गए जब अन्नपूर्णा अपने घर जाने लगी तो माधव भी उसे पहुँचाने जाने को तैयार हो गए। तभी बिंदो ने आकर पति को सुनाकर बड़े ही कड़े स्वर में कहा, 'पहुँचाने जाने को तैयार हो गए पर क्या तुम्हें मालूम है कि उन्होंने इस घर का पानी तक नहीं छुआ है?'

फिर एक घंटे बाद आकर भैरों ने कहा, 'लल्ला बाबू घर में ही हैं। पर आ नहीं रहे हैं।'

'आता क्यों नहीं? क्या कहा कि मैं बुला रही हूँ?'

'कहा था। पर उनका क्या दोष! जैसी माँ है वैसा ही तो लड़का भी होगा।'

और काफी रात गए जब अन्नपूर्णा अपने घर जाने लगी तो माधव भी उसे पहुँचाने जाने को तैयार हो गए। तभी बिंदो ने आकर पति को सुनाकर बड़े ही कड़े स्वर में कहा, 'पहुँचाने जाने को तैयार हो गए पर क्या तुम्हें मालूम है कि उन्होंने इस घर का पानी तक नहीं छुआ है?'

माधव ने कहा, 'यह तो तुम्हें मालूम रहने की बात है। जब तुमसे कुछ भी नहीं सध पा रहा था तो खुद जाकर लिवा लाया था सो अब पहुँचाने भी जा रहा हूँ।'

'हाँ, हाँ, मैं समझती हूँ कि तुम भी उसी पक्ष में हो।'

माधव ने कहा, 'चलो न भाभी! देर मत करो।'

अन्नपूर्णा ने कदम बढ़ाया ही था कि बिंदो ने कड़ककर कहा, 'वह जो कहावत है सो ठीक ही है कि घर की दुश्मनी! मुँह में जो भी बात आई सब झूठी-सच्ची कह दी। दाँत पीसकर कसम खाई, चार दिन, चार रात, लड़के का मुँह भी न देखने दिया! भगवान् ही कभी इसका न्याय करेंगे।'

अन्नपूर्णा ने कदम बढ़ाया ही था कि बिंदो ने कड़ककर कहा, 'वह जो कहावत है सो ठीक ही है कि घर की दुश्मनी! मुँह में जो भी बात आई सब झूठी-सच्ची कह दी। दाँत पीसकर कसम खाई, चार दिन, चार रात, लड़के का मुँह भी न देखने दिया! भगवान् ही कभी इसका न्याय करेंगे।'

कहकर बिंदो ने किसी तरह मुँह में आँचल ठूँसा और रुलाई रोकर और अपने कमरे में जाने के लिए रसोईघर के पास तक जाकर बेहोश हो गई। हल्ला मच गया। घूमकर अन्नपूर्णा ने पूछा, 'क्या हुआ?'

माधव ने देखकर कहा, 'कुछ नहीं, देखने की जरूरत नहीं, चलो।'

इधर देवरानी-जेठानी के कलह की चर्चा जरा कम थी लेकिन वह कम कैसे रह सकती थी। दूसरे दिन जब घर की सभी औरतें एक जगह जुटीं तो एलोकेशी ने कहा, 'देवरानी-जेठानी का झगड़ा है यह तो समझ में आता है पर जरा लड़के को तो देखो। वह एक बार भी नहीं आया। छोटी बहू ठीक ही तो कहती है कि जैसी माँ है वैसा ही तो लड़का होगा न। और बहुत लड़के देखे हैं, पर बहन ऐसा दुष्ट लड़का कहीं नहीं देखा।'

बिंदो ने एक बार उसकी ओर सूनी निगाहों से देखा फिर शर्म और

घृणा से आँखें झुका लीं। एलोकेशी ने एक तीर और मारा, 'छोटी बहू तुम्हें लड़का ही तो चाहिए न, हमारे नरेंद्र को ले लो, उसे मैं तुम्हें दिए देती हूँ। मार भी डालो तो वह लड़का मुँह से एक शब्द भी नहीं कहेगा। कोई ऐसी-वैसी औलाद मैंने कोख में नहीं रखी।'

बिंदो चुपचाप बैठी रही, बोली नहीं। बिंदो की माँ की उमर बीत रही थी। वह जमींदार के घर की बेटी है, और जमींदार की बहू भी। अनुभव की वह पक्की है। उन्होंने ही हँसकर जवाब दिया, 'तुम लोग कैसी बातें करती हो? अमूल्य उसके हाड़-मांस में बस गया है, इस तरह तुम लोग उसे सताओ मत। और झगड़ा तो अभी दो दिन से हुआ है। इससे क्या अपना लड़का पराया हो जाएगा?'

बिंदो की आँखें छलछला आईं और उसने वैसे ही माँ की ओर देखा।
उसी दिन शाम को बिंदो ने कदम को बुलाकर कहा, 'अच्छा कदम, तू ही बता, तू तो वहाँ मौजूद थी न? मेरा भला क्या कसूर था, जो वह इतनी बड़ी कसम खा बैठीं?'

बिंदो की आँखें छलछला आईं और उसने वैसे ही माँ की ओर देखा।

उसी दिन शाम को बिंदो ने कदम को बुलाकर कहा, 'अच्छा कदम, तू ही बता, तू तो वहाँ मौजूद थी न? मेरा भला क्या कसूर था, जो वह इतनी बड़ी कसम खा बैठीं?'

एकाएक कदम इस विषय को सुनकर घबरा सी गई कि क्या बिंदो ने उसे इसकी आलोचना करने को बुलाया है, अतः सकुचाकर वह सिमट सी गई और चुप ही रही। बिंदो ने फिर कहा, 'नहीं, नहीं, बताओ, हजार हो फिर भी तुम लोग मुझसे उमर में बड़ी हो। मुझे तुम्हारी दो बातें सहनी ही चाहिए लेकिन बताओ न, क्या मुझसे कोई कसूर हुआ था?'

कदम को गरदन हिलाकर कहना ही पड़ा, 'नहीं जीजी, कसूर की भला कौन सी बात है?'

बिंदो बोली, 'तो फिर उस घर में जाओ न! जाकर दो-चार बातें बहुत कड़ी-कड़ी सुना आओ। जब कसूर नहीं तो मुझे डर किस बात का?'

कदम ने बहुत हिम्मत बटोरकर कहा, 'डर की कोई बात नहीं जीजी, पर अब बखेड़ा बढ़ाने की जरूरत ही क्या है? जो होना था, सो हो गया।'

'नहीं, नहीं, कदम, तू समझती नहीं, सच्ची बात कह देना हमेशा ठीक रहता है नहीं तो वह समझेंगे कि सब दोष हमारा ही है उनका कुछ भी नहीं है। निकाल दूँगी, दूर कर दूँगी, क्या ये सब उन्होंने नहीं कहा था? लेकिन मैंने कभी इन बातों पर ध्यान नहीं दिया। फिर उन्होंने छिपाकर रुपए क्यों दिए, मुझे बताया क्यों नहीं?'

कदम ने जान छुड़ाने के लिए कहा, 'तो फिर कल जाऊँगी, आज तो बहुत शाम हो गई है।'

'शाम कहाँ से हुई है? कदम, तू अब मेरी बात बहुत काटने लग गई है। अरे, जाड़े के दिन हैं, अँधेरा जल्दी होता है। न हो किसी को साथ लिवाकर जा, अरे, ओ भैरों, जरा हबुआ को भेज दे, कदम के साथ जावेगा।'

भैरों ने कहा, 'हबुआ तो बाबूजी की बत्ती साफ कर रहा है।'

'शाम कहाँ से हुई है? कदम, तू अब मेरी बात बहुत काटने लग गई है। अरे, जाड़े के दिन हैं, अँधेरा जल्दी होता है। न हो किसी को साथ लिवाकर जा, अरे, ओ भैरों, जरा हबुआ को भेज दे, कदम के साथ जावेगा।' भैरों ने कहा, 'हबुआ तो बाबूजी की बत्ती साफ कर रहा है।'

बिंदो ने डाँटा, 'फिर तूने जवाब दिया?'

भैरों तो डाँट सुनते ही भाग गया और कदम को भेजकर बिंदो इस-उस कमरे में घूमती हुई रसोईघर में चली गई जहाँ मिसरानी अकेली थी। एक ओर बैठकर बिंदो ने कहा, 'अच्छा मिसरानी जी, तुम्हीं पंच बनो, बताओ सचमुच किसका कसूर ज्यादा था?'

मिसरानी ने आश्चर्य से पूछा, 'कैसा कसूर बहूजी?'

'उस दिन की बात! क्या कहा था मैंने? मैंने तो सिर्फ यही पूछा था कि जीजी, लल्ला को इस बीच में कितने रुपए दे दिए हैं? कौन भला नहीं कहेगा कि लड़कों के हाथ में रुपए-पैसे नहीं देना चाहिए। और फिर जब मैंने पूछ ही लिया तो कहने से काम चल जाता कि रो-धो रहा था। इसी से दे दिया। झगड़े की कोई बात न थी। इतनी बात ही क्यों बढ़ती? फिर इस पर कसम खाने की बात कहाँ पैदा होती है! जहाँ चार बरतन होते हैं, वहाँ खटपट होती ही है। फिर हम लोग तो एक हैं फिर भी इतनी बड़ी कसम क्यों? घर में सिर्फ एक ही लड़का है, उसी की कसम! मैं भी बताए देती हूँ मिसरानी, मैं तो इस जन्म में उसका मुँह नहीं देखूँगी।'

'दुश्मन की ओर आँखें उठा लूँगी पर उनकी ओर नहीं।'

मिसरानी आदत से ही कम बोलने वाली थी। उसकी समझ में न आया कि वह क्या कहे, इसलिए वह चुप ही रही। बिंदो की दोनों आँखों में आँसू छलछला आए। फिर भी झटपट आँखें पोंछकर उसने कहा, 'ठीक है मिसरानीजी, गुस्से में कौन कसम नहीं खा बैठता। लेकिन क्या इससे पानी तक का छूना बंद करता है कोई?''

मिसरानी आदत से ही कम बोलने वाली थी। उसकी समझ में न आया कि वह क्या कहे, इसलिए वह चुप ही रही। बिंदो की दोनों आँखों में आँसू छलछला आए। फिर भी झटपट आँखें पोंछकर उसने कहा, 'ठीक है मिसरानीजी, गुस्से में कौन कसम नहीं खा बैठता। लेकिन क्या इससे पानी तक का छूना बंद करता है कोई? देखो न लड़के तक को नहीं आने दिया, इसे क्या बड़प्पन का काम कहेंगे? हजार माना कि मैं छोटी हूँ, मुझे समझ भी कम है। मान लो कि उनके ही पेट की लड़की रहती तो फिर वह क्या करतीं? ठीक ही है, मैं भी अब कभी उनका नाम मुँह पर नहीं लाऊँगी, तुम लोग भी देख लेना।'

इस पर भी मिसरानी चुप रही। बिंदो फिर बोली, 'और क्या वही कसम खाना जानती हैं! मैं भी जानती हूँ। अगर कल मैं उस घर में जाकर कहूँ कि कटोरा भर जहर न भिजवाओ तो तुम्हारी वही कसम रही—तब क्या हो! मैं अभी तो दो-चार दिन चुप रहूँगी। देखूँगी फिर इसके बाद जाकर के या तो वही कसम दे आऊँगी, नहीं तो आप ही जहर का प्याला पीकर कहूँगी कि जीजी ने भेजा था। फिर देखूँगी कि लोग उनके नाम पर थूकेंगे या नहीं। फिर देखना कि उनकी अकल कैसे ठिकाने आती है!'

अगर कल मैं उस घर में जाकर कहूँ कि कटोरा भर जहर न भिजवाओ तो तुम्हारी वही कसम रही—तब क्या हो! मैं अभी तो दो-चार दिन चुप रहूँगी। देखूँगी फिर इसके बाद जाकर के या तो वही कसम दे आऊँगी, नहीं तो आप ही जहर का प्याला पीकर कहूँगी कि जीजी ने भेजा था।

यह सब सुनकर मिसरानी डर गई, धीरे से बोली, 'नहीं, बहू ऐसा मत सोचो। लड़ाई-झगड़ा हमेशा नहीं रहता! न तो वही तुम्हारे बगैर रह सकती हैं न लल्ला ही तुम्हारे बिना रह सकता है! हम लोगों को यही ताज्जुब है कि इतने दिनों से ही वह वहाँ तुम्हारे बिना कैसे रह रहा है!'

'यही तो कहती हूँ कि उसे जरूर ही डरा-धमकाकर वहाँ बंद कर रखा होगा। जो लड़का एक रात भी मेरे बिना न सो सकता था वह भला पाँच दिन और चार रात कैसे रहा होगा! इसी से तो उस औरत का मुँह देखने का जी ही नहीं करता। मैंने कहा न कि दुश्मन की ओर देखा जा सकता है पर उसकी तरफ नहीं।'

तभी मिसरानी ने अपनी कलाई बढ़ाकर उस पर एक काला दाग दिखाते हुए कहा, 'देखो न बहू, अभी तक यह दाग साबूत है। उस दिन जब तुम बेहोश हो गई थीं तब की बात मालूम तुम्हें नहीं। लल्ला तुम्हारी छाती पर पड़ गया और काश कि तुम उसका रोना देखतीं! वह तो मरना-

जीना जानता भी न था। कहने लगा, छोटी माँ मर गई। फिर न तो मुझे भी तुम पर पानी छोड़ने दे न हवा करने दे, मैंने उसे उठाना चाहा तो मुझे भी दाँत से काट लिया। बड़ी बहू ने पकड़ा तो उन्हें भी काटा, नोंचा, आँचल फाड़ डाला। लोग फिर बीमार को क्या देखते, उसी के झंझट में पड़ गए। चार-पाँच आदमियों ने उसे सँभाला।'

बिंदो इस तरह एकटक देखती हुई यह सब सुन रही थी जैसे मिसरानी के मुँह के एक-एक शब्द वह पचा रही हो। फिर एक लंबी साँस खींचकर उठी और अपने कमरे में जाकर दरवाजा बंद करके लेट रही।

बिंदो इस तरह एकटक देखती हुई यह सब सुन रही थी जैसे मिसरानी के मुँह के एक-एक शब्द वह पचा रही हो। फिर एक लंबी साँस खींचकर उठी और अपने कमरे में जाकर दरवाजा बंद करके लेट रही।

चार दिन और बीते। बिंदो के पिता, माता, बुआ आदि की वापसी के एक दिन पहले, मूर्छा से छुटकारा पाकर बिंदो खाट पर लेटी थी। कदम पंखा झल रही थी। और कोई नहीं था। बिंदो ने इशारे से उसे और पास बुलाया और धीरे से पूछा, 'कदम, क्या जीजी आई हैं क्या री?'

'नहीं तो! हम लोग घर में इतने लोग हैं तब उन्हें क्यों कष्ट दिया जाए!'

थोड़ी देर की चुप्पी के बाद बिंदो ने फिर कहा, 'यही तो तुम लोगों की गलती है। जब अकल नहीं है तो सब जगह अपनी मत लगाया करो। इसी तरह तुम लोग किसी दिन हमें मार डालोगी। पूजा के दिन भी तो तुम लोग सब घर में भरी थीं! लेकिन जब तक वह नहीं आईं भला कुछ हो सका था! कहाँ तुम लोग, कहाँ वह! उनके मुकाबले में रत्ती भर भी तुम लोगों में अकल नहीं है!'

तभी बिंदो की माँ ने आकर कहा, 'जमाई बाबू की तो राय है बिंदो

कि तू भी कुछ दिनों के लिए हमारे साथ चली चल!'

'क्या मेरा जाना न जाना सब उन्हीं की राय से है! उनकी राय से क्या होता है? जब तक मुझे अपने दुश्मन से हुक्म न मिले तब तक कैसे जाऊँगी?'

माँ बात को समझ गईं, बोलीं, 'क्या तू अपनी जेठानी की बात कह रही है? उनके हुक्म की अब तुझे जरूरत नहीं है। जब तुम लोग अलग हो तो अब इन्हीं की राय काफी है।'

'नहीं, ऐसा नहीं हो सकता! जब तक जिंदा हैं, तब तक चाहे जहाँ भी रहें, सब कुछ नहीं हैं। और चाहे जो करूँ पर उनकी राय के बिना घर छोड़कर नहीं जा सकती। जेठजी गुस्सा होंगे न!'

और उसी समय पास आती एलोकेशी ने यह बातें सुन लीं और बोली, 'इसमें क्या परेशानी है! तुम जाओ। मैं कहती हूँ न!'

बिंदो ने कोई उत्तर न दिया तब उसकी माँ ने कहा, 'ठीक तो है, आदमी भेजकर पुछवा ही न ले!'

बिंदो को बड़ा विस्मय हुआ। बोली, 'आदमी भेजना तो और भी बुरा होगा माँ! मैं तो उसे समझती हूँ न! मुँह से तो फौरन कहेंगी कि चली जा लेकिन मन ही मन नाराज होंगी। और शायद बाद में चार-छह झूठी-सच्ची मिलाकर जेठ जी से कहेंगी।''सो माँ, तुम लोग जाओ। मेरा जाना न हो सकेगा।'

बिंदो को बड़ा विस्मय हुआ। बोली, 'आदमी भेजना तो और भी बुरा होगा माँ! मैं तो उसे समझती हूँ न! मुँह से तो फौरन कहेंगी कि चली जा लेकिन मन ही मन नाराज होंगी। और शायद बाद में चार-छह झूठी-सच्ची मिलाकर जेठ जी से कहेंगी।'''सो माँ, तुम लोग जाओ। मेरा जाना न हो सकेगा।'

और जब मकान सूना हो गया तो जैसे घर उसे खाने दौड़ने लगा।

नीचे के कमरे में एलोकेशी रहती है और ऊपर के एक कमरे में बिंदो; बाकी सारे कमरे साँय-साँय करते थे। उदास मन में घूमती हुई जाकर बिंदो ऊपर के तिमंजिले के एक कमरे में चली गई। सुदूर भविष्य के गर्भ में छिपी किसी अज्ञात पुत्रवधू के लिए उसने यह कमरा बनवाया था। यहाँ आकर वह किसी तरह भी अपने आँसू न रोक सकी। नीचे उतर रही थी कि रास्ते में पति से भेंट हो गई। तत्काल ही बिंदो बोल उठी, 'क्यों जी, अब कैसे होगा?'

माधव न समझकर पूछ बैठे, 'क्या?'

बिंदो ने लंबी साँस खींचकर कहा, 'कुछ नहीं, कुछ नहीं, तुम अपने रास्ते जाओ।'

दूसरे ही दिन सवेरे की बात है। माधव बाहर वाले कमरे में अकेले बैठे काम कर रहे थे कि एकाएक भीतर आकर बिंदो ने अपनी रुलाई दबाते हुए कहा, 'जानते हो जेठजी नौकरी करने लगे हैं?'

माधव ने सिर गढ़ाए हुए ही कहा, 'जानता हूँ।'

'तो क्या यह उनकी नौकरी करने की उमर है?'

माधव ने कागजों में ही निगाह गाढ़े हुए कहा, 'आदमी की उमर और नौकरी से भला क्या संबंध? नौकरी तो अपने अभाव के लिए करता है कोई।'

'तो उन्हें क्या अभाव है? क्या कमी है? हम लोग क्या पराए हैं?

माधव ने सिर गढ़ाए हुए ही कहा, 'जानता हूँ।' 'तो क्या यह उनकी नौकरी करने की उमर है?' माधव ने कागजों में ही निगाह गाढ़े हुए कहा, 'आदमी की उमर और नौकरी से भला क्या संबंध? नौकरी तो अपने अभाव के लिए करता है कोई।' 'तो उन्हें क्या अभाव है? क्या कमी है? हम लोग क्या पराए हैं? लड़ाई तो हमारी देवरानी-जेठानी की है पर तुम दोनों तो भाई ही हो।'

लड़ाई तो हमारी देवरानी–जेठानी की है पर तुम दोनों तो भाई ही हो।'

'हाँ, सौतेले भाई हैं, कुटुंबी!'

सुनकर बिंदो सुन्न रह गई, फिर बोली, 'तो क्या तुम भी अपने जीते-जी उन्हें नौकरी करने दोगे?'

अब माधव ने सिर उठाकर बिंदो को ताका, फिर बहुत ही शांत स्वर में बोला, 'क्यों नहीं करने दूँगा। इस दुनिया में सभी अपनी–अपनी अलग–अलग किस्मत लेकर आते हैं। फिर जैसी तकदीर होती है वैसा ही भोगते हैं। क्या मैं इसका उदाहरण नहीं हूँ? कब माता–पिता का देहांत हुआ, नहीं मालूम। भाभी से ही सुनता था कि हम लोग बहुत गरीब थे। लेकिन कष्ट व दुःख की आँच तक मुझे नहीं लगी कभी। जाने कहाँ से सब मिलता रहा, सफेद उजले कपड़े, स्कूल का खर्च, किताबों के पैसे, मैस का खरचा, सब जाने कहाँ से पूरा होता था। फिर वकील होकर कमाई भी अच्छी की, फिर तुम भी जाने कहाँ से इतना सारा धन लेकर आ गईं। सब दिन बदल गए। कितना अच्छा और पक्का मकान भी बन गया। लेकिन भैया को देखो न! हमेशा चुपचाप हाड़-तोड़ परिश्रम ही करते रहे। फटे–पुराने पेबंद वाले कपड़े पहनते रहे। जाड़ों में भी सूती के अलावा कभी गरम कपड़ा उन्हें नसीब नहीं हुआ। एक वक्त मुट्ठी भर खाकर सिर्फ हम लोगों के लिए ही···सभी बातें तो अब याद भी नहीं हैं। और याद करने की जरूरत भी समझ में नहीं आती। हाँ, कुछ दिन थोड़ा सा आराम कर सके थे कि ईश्वर

अब माधव ने सिर उठाकर बिंदो को ताका, फिर बहुत ही शांत स्वर में बोला, 'क्यों नहीं करने दूँगा। इस दुनिया में सभी अपनी-अपनी अलग-अलग किस्मत लेकर आते हैं। फिर जैसी तकदीर होती है वैसा ही भोगते हैं। क्या मैं इसका उदाहरण नहीं हूँ? कब माता-पिता का देहांत हुआ, नहीं मालूम। भाभी से ही सुनता था कि हम लोग बहुत गरीब थे।"

ने सब कुछ मय सूद-ब्याज के वसूलना शुरू कर दिया है।'

इतना कहकर माधव चुप होकर कोई कागज खोजने लग गए।

बिंदो हतप्रभ थी। पति की ओर से उसके लिए कितना बड़ा तिरस्कार अतीत के दिनों की इस सहज कहानी में छिपा हुआ है। बिंदो का एक-एक रोम इस बात का अनुभव कर रहा था। फिर भी वह सिर गाड़े खड़ी रही।

कागज खोजते हुए माधव अपने आप बोलने लगे, 'और नौकरी भी कैसी! राधापुर की कचहरी तक रोज जाने-आने में कम-से-कम पाँच कोस का चक्कर। सवेरे चार बजे ही जाकर दिनभर बिना अन्न व नानी के काम करना और रात को घर आकर दो कौर भोजन! और इतनी मेहनत की तनख्वाह भी सिर्फ बारह रुपए महीने!'

कागज खोजते हुए माधव अपने आप बोलने लगे, 'और नौकरी भी कैसी! राधापुर की कचहरी तक रोज जाने-आने में कम-से-कम पाँच कोस का चक्कर। सवेरे चार बजे ही जाकर दिनभर बिना अन्न व नानी के काम करना और रात को घर आकर दो कौर भोजन! और इतनी मेहनत की तनख्वाह भी सिर्फ बारह रुपए महीने!'

बिंदो काँप गई, 'क्या कहा, दिनभर बिना अन्न-पानी के? और सिर्फ बारह रुपए महीने की तनख्वाह!'

'हाँ, सिर्फ बारह रुपए। उमर भी तो ढल चुकी है, ऊपर से अफीम के नशे की लत। छटाँक भर दूध भी तो कभी नहीं मिला। देखता हूँ कि भगवान् तो इतने दिनों बाद भैया की वेदना का पुरस्कार दे रहे हैं।'

बिंदो की आँखों से आँसू गिरने लगे। फिर तो उसने वह भी किया जो उसने कभी नहीं किया था। एकाएक झुककर पति का पाँव पकड़ लिया और रोकर कहने लगी, 'तुम्हारे पाँव छूती हूँ। कुछ तो उपाय करो। वे कमजोर आदमी हैं। इस तरह तो दो दिन भी न⋯।'

माधव ने किसी तरह अपने आँसू रोके और कहा, 'हम भला क्या कर

सकते हैं ? भाभी ने तो हमारा एक भी अन्न न छूने की कसम खाई है। लेकिन बिना कुछ किए तो उनकी गृहस्थी भी नहीं चल सकती। यही सोचता हूँ।'

बिंदो वैसे ही रोती हुई बोली, 'मैं कुछ नहीं जानती। तुम मेरे देवता हो और वे तुम से भी बड़े हैं। छिह-छिह ! जो बात मन में लाई भी नहीं जा सकती, वही बात मुँह··· ।' बिंदो का आगे गला रुक गया।

'अच्छी बात है। कम-से-कम भाभी के पास तो जाओ। शायद इससे उनका क्रोध कुछ कम हो सके। तुम्हें वही करना चाहिए जिससे वे प्रसन्न हों। मेरे पाँव पकड़कर हमेशा बैठे रहने से भी कुछ बात न बनेगी।'

बिंदो उसी क्षण पाँव छोड़कर उठ खड़ी हुई। बोली, 'पाँव पड़ने की तो मेरी आदत ही नहीं है। अब मैं समझी कि उस दिन रात को उन्होंने क्यों पानी भी यहाँ नहीं पिया। लेकिन तुम सब जानते-समझते हुए भी दुश्मन की तरह चुप क्यों रहे ? मेरा कसूर बढ़ता गया और तुमने बात तक नहीं बताई ?'

बिंदो उसी क्षण पाँव छोड़कर उठ खड़ी हुई। बोली, 'पाँव पड़ने की तो मेरी आदत ही नहीं है। अब मैं समझी कि उस दिन रात को उन्होंने क्यों पानी भी यहाँ नहीं पिया। लेकिन तुम सब जानते-समझते हुए भी दुश्मन की तरह चुप क्यों रहे? मेरा कसूर बढ़ता गया और तुमने बात तक नहीं बताई?'

माधव अपने कागजों में ही उलझने की कोशिश करता रहा। बोला, 'यह चुप रहने की विद्या भी मैंने भैया से ही सीखी है। भगवान् करे, ऐसी ही चुप्पी में एक दिन इस दुनिया से विदा हो जाऊँ ?'

बिंदो ने आगे बात करना उचित न समझा। चुपचाप उस स्थान से उठकर वह कमरे में आई और भीतर से साँकल चढ़ा लिया।

माधव उठने को हुए कि तभी बिंदो पुनः आई। उसके नेत्र रक्तिम हो रहे थे। उसकी दशा देख माधव का हृदय द्रवित हो उठा, बोले, 'तुम जाओ

एक बार उनके पास। तुम उनके हृदय को नहीं जानतीं। एक बार उनके सामने खड़ी भर हो जाओ, बस, सबकुछ ठीक हो जाएगा।'

बिंदो ने करुण होकर कहा, 'तुम्हीं चले जाओ न। मैं लल्ला की सौगंध लेकर कहती हूँ···।'

माधव ने बिंदो के कहने का आशय ताड़ लिया, शब्दों में रुष्टता लाते हुए कहा, 'हजार सौगंध खाने पर भी मैं भैया से कुछ नहीं कह सकता। मुझमें इतना साहस नहीं है कि वे जब तक मुझसे कुछ पूछें न तब तक मैं स्वयं उनसे कुछ कहूँ।'

बिंदो वहाँ से हटी नहीं। माधव बोला, 'तुम नहीं जा सकतीं?'

बिंदो ने छूटते ही कहा, 'नहीं।' और वह तुरंत उठकर चली गई।

आठ

मकान के सामने से ही स्कूल का रास्ता है पहले तो कई दिन लल्ला इसी रास्ते से छाते की ओट करके जाया करता था। लेकिन इधर दो दिनों से वह लाल रंग का छाता अब नहीं दिखलाई पड़ता। उसकी इंतजारी में बिंदो की आँखें थक गई थीं फिर भी वह अटारी पर आकर ओट में बैठकर सड़क की ओर ही टकटकी लगाए बैठी रहती थी। सवेरे नौ-दस बजे के आसपास जाने कितने लड़के तरह-तरह की छतरियाँ ताने उस रास्ते से निकलते और शाम को छुट्टी होने पर भी उसी रास्ते लौटते मगर बिंदो को मन चाही छतरी न दिखी, न वह चाल ही दिखी। शाम को आँखों के आँसू पोंछते हुए वह नीचे आई, एकांत में नरेंद्र को बुलाकर पूछा, 'क्यों नरेंद्र, स्कूल जाने का रास्ता तो यही है न? फिर वह इधर क्यों नहीं जाता?'

नरेंद्र ने कोई जवाब नहीं दिया।

बिंदो बोली, 'ठीक ही तो है, तुम दोनों भाई साथ-ही-साथ आया-जाया करो। यह ठीक भी है।'

नरेंद्र अमूल्य को प्यार तो करता था लेकिन उसके प्यार करने का

अपना तरीका था। बहुत धीरे से बोला, 'मामी, वह तो शरम के मारे इस रास्ते से नहीं आता, आगे से ही मुड़ जाता है।'

बिंदो ने हँसकर कहा, 'उसे शरम क्यों लगती है? तू उससे कह दे इधर से ही जाया करे।'

नरेंद्र ने स्वीकृति देते हुए कहा, 'वह इधर से नहीं जाएगा, मामी। जानती हो क्यों?'

बिंदो ने उत्सुकता प्रकट करते हुए कहा, 'क्यों?'

नरेंद्र ने अचकचाते हुए कहा, 'तुम नाराज तो न होगी?'

'नहीं…।'

'किसी से कहोगी तो नहीं?'

'नहीं।'

'मेरी माँ से भी?'

बिंदो ने उद्विग्न होकर कहा, 'नहीं…नहीं, तू बता न मैं किसी से कुछ न कहूँगी।'

नरेंद्र ने अस्फुट शब्दों में कहा, 'थर्डमास्टर ने उसके कान ऐंठ दिए थे।'

उसके इस कथन से बिंदो के बदन में आग सी लग गई, तमककर बोली, 'क्यों ऐंठे? बदन पर हाथ लगाने को मैंने मना कर दिया था न?'

नरेंद्र बोला, 'उसका क्या कसूर, वह तो नया ठहरा। हबुआ साला ही बदमाश है। उसने माँ से आकर कह दिया था और माँ ने मास्टर से कह देने को कहा था। थर्ड मास्टर ने बस फौरन कान ऐंठ दिए। जानती हो कैसे, मामी? ऐसे।' कानों को पकड़ते हुए नरेंद्र ने कहा।

> *बिंदो बोली, 'ठीक ही तो है, तुम दोनों भाई साथ-ही-साथ आया-जाया करो। यह ठीक भी है।'*
> *नरेंद्र अमूल्य को प्यार तो करता था लेकिन उसके प्यार करने का अपना तरीका था। बहुत धीरे से बोला, 'मामी, वह तो शरम के मारे इस रास्ते से नहीं आता, आगे से ही मुड़ जाता है।'*

बिंदो ने बीच में हस्तक्षेप करते हुए कहा, 'हबुआ ने क्या कहा था ?'

नरेंद्र बोला, 'मुझे क्या मालूम, मामी। टिफिन के समय हबुआ मेरा खाना ले आता है तो वह दौड़ा आता है और पूछता है—क्या जलपान है जरा मैं भी तो देखूँ, नरेन भैया ?' माँ ने मुझसे कहा था—'अमूल्य नजर लगा देता है।'

'लल्ला के लिए कोई खाना ले जाता है ?'

नरेंद्र बोला, 'मुझे क्या मालूम, मामी। टिफिन के समय हबुआ मेरा खाना ले आता है तो वह दौड़ा आता है और पूछता है—क्या जलपान है जरा मैं भी तो देखूँ, नरेन भैया ?' माँ ने मुझसे कहा था—'अमूल्य नजर लगा देता है।'

'लल्ला के लिए कोई खाना ले जाता है ?'

नरेंद्र ने रुँधे स्वर में कहा, 'नहीं, मामी। वे लोग निर्धन हैं, जेब में भुने हुए चने ले आता है। पेड़ के नीचे नजर बचाकर खा लेता है।'

बिंदो की आँखों के सामने दुनिया घूमती सी नजर आने लगी। वह जहाँ-की-तहाँ बैठी रही। कुछ क्षणों बाद बोली, 'नरेंद्र, तू जा अब।'

रात्रि में काफी कहने-सुनने के बाद बिंदो खाने बैठी लेकिन उससे खाया न गया। अंत में तबीयत ठीक न होने का बहाना कर उसने खाना नहीं खाया। दूसरे दिन भी अनमनी सी पड़ी रही। किसी से उसने बात भी नहीं की। कोई युक्ति नहीं सूझी उसे। वह आशंकित हो उठी। उसे लगा कि कहीं बात बढ़ न जाए। तीसरे पहर भोजन के वक्त वह पति के साथ बैठी, पर उसकी नजरें कहीं और थीं। किसी भाँति वह अपने को एकाग्र नहीं कर पा रही थी।

बत्ती जल रही थी। अधखुली आँखों से माधव कुछ पढ़ रहे थे। बिंदो पैताने आकर बैठ गई। माधव ने सिर उठाया और कुछ पूछा, 'क्या है ?'

बिंदो सिर झुकाकर पति के पाँव का नाखून काटने लगी।

पत्नी के मन की बात का अनुभव कर माधव ने करुण स्वर में कहा, 'मैं तुम्हारे मन की बात समझता हूँ बिंदु, मगर मेरे पास रोने से तो समस्या हल नहीं होगी। उन्हें ही मनाओ।'

बिंदो वास्तव में रुँआसी हो उठी थी, बोली, 'तुम्हीं जाओ।'

'मैं जाऊँ, क्या कह रही हो। कसूर मेरा है, कान पकड़ती हूँ। तुम उनसे बातें तो करो।'

'न, मुझसे न होगा।' कहने के साथ ही माधव ने करवट ली और सोने का उपक्रम करने लगे। बिंदो काफी देर तक आस लगाए बैठी रही। मगर कोई उत्तर न पा वह चुपचाप उठकर चली गई। पति के इस व्यवहार से उसका हृदय विक्षुब्ध हो उठा। उसे लगा जैसे किसी ने मनों पत्थरों का बोझ उसकी छाती पर रख दिया हो। उसे ऐसा अनुभव हुआ कि सभी ने उसे ठुकरा दिया है।

पत्नी के मन की बात का अनुभव कर माधव ने करुण स्वर में कहा, 'मैं तुम्हारे मन की बात समझता हूँ बिंदु, मगर मेरे पास रोने से तो समस्या हल नहीं होगी। उन्हें ही मनाओ।' बिंदो वास्तव में रुँआसी हो उठी थी, बोली, 'तुम्हीं जाओ।'

दूसरे दिन सुबह यादव ने छोटी बहू के जाने की अनुमति हेतु एक पत्र लिख भेजा। उस पत्र में बिंदो के पिता के बीमार होने की बात लिखी हुई थी। साथ ही यह भी निर्देश था कि वह जल्दी रवाना हो जाए। नेत्रों में आँसू लिए बिंदो गाड़ी पर सवार हुई। मिसरानी ने गाड़ी के पास पहुँचकर कहा, 'पिताजी के अच्छा होते ही जल्दी आ जाना बहू जी।'

गाड़ी से उतरकर बिंदो ने मिसरानी के पाँव छुए। मिसरानी सकुचा गई। बिंदो का यह स्वरूप किसी ने कभी नहीं देखा था। अपने को संयमित करते हुए उसने कहा, 'कुछ भी हो मिसरानी जी, तुम ब्राह्मणी हो, मुझसे उमर में भी बड़ी हो, आशीर्वाद दो कि अब मेरा लौटना न हो, यह मेरी अंतिम यात्रा हो।'

प्रत्युत्तर में वह ब्राह्मणी कुछ कह न सकी। बिंदो के मलिन एवं कृशकाय चेहरे की ओर देखकर वह रो दी।

एलोकेशी भी वहाँ मौजूद थी। वह भी बोल पड़ी, 'कैसी बातें कर रही हो छोटी बहू? क्या किसी के माँ-बाप बीमार नहीं पड़ते?'

बिंदो चुप रही, मुँह फेरकर उसने आँचल से आँखें पोंछ लीं। कुछ क्षणों तक चुप रहने के उपरांत बोली, 'प्रणाम करती हूँ बीबीजी—अच्छा चलूँ अब।'

एलोकेशी भी वहाँ मौजूद थी। वह भी बोल पड़ी, 'कैसी बातें कर रही हो छोटी बहू? क्या किसी के माँ-बाप बीमार नहीं पड़ते?' बिंदो चुप रही, मुँह फेरकर उसने आँचल से आँखें पोंछ लीं। कुछ क्षणों तक चुप रहने के उपरांत बोली, 'प्रणाम करती हूँ बीबीजी—अच्छा चलूँ अब।'

बीबी ने कातर होकर कहा, 'जाओ बहन। मैं तो हूँ ही यहाँ सबकुछ देख लूँगी।'

बिंदो ने फिर कुछ न कहा। कोचवान ने गाड़ी हाँक दी।

अन्नपूर्णा ने जब मिसरानी के मुँह से यह बातें सुनी तो चुप हो रही।

इससे पहले लल्ला को छोड़कर बिंदो कभी अकेली मायके नहीं गई थी। महीनेभर से अधिक हो गया था। उसने एक बार भी उसे नहीं देखा था। उसकी व्यथा को अन्नपूर्णा ने समझा।

रात में पिता के पास पड़ा लल्ला कुछ कह रहा था।

दिए के उजाले में कथरी सींती हुई अन्नपूर्णा ने निश्श्वास ली कि सहसा उसके मुख से निकल पड़ा, 'राम राम! जाते समय उसने यह क्यों कहा कि यह जाना उसका आखिरी जाना है। माँ दुर्गा कुशल करें, कि बहू सकुशल वापस लौट आए।'

पत्नी के मुख से ऐसी बातें सुनकर यादव बोल उठे, 'तुमने अच्छा नहीं किया बड़ी बहू, मेरी बहूरानी को परखने की तुमने चेष्टा ही नहीं की।

तुममें से कोई भी उसे पहचान नहीं पाया।'

अन्नपूर्णा ने अपने को संयमित करते हुए कहा, 'वह भी तो एक बार 'जीजी' कहकर पास नहीं फटकी। अपने लड़के को तो वह बलपूर्वक ले जा सकती थी, कौन उसे रोक सकता था? उस दिन उतनी मेहनत करके घर जा रही थी कि न जाने कितनी कड़ी बातें सुना डालीं।'

यादव ने बीच में बाधा देते हुए कहा, 'बहूरानी के मन की बातें मैं ही समझता हूँ। यदि तुम माफ नहीं कर सकतीं तो बड़ी ही क्यों हुईं! जैसी तुम हो वैसा माधव है। मालूम पड़ता है तुम दोनों ने साजिश करके मेरी बहूरानी के प्राण ले लिये।'

अन्नपूर्णा के नेत्रों से टप-टप आँसू गिरने लगे।

लल्ला ने पूछा, 'बाबूजी, क्या माँ नहीं आएगी?'

आँखें पोंछती हुई अन्नपूर्णा बोली, 'छोटी माँ के पास जाएगा तू?'

लल्ला ने अस्वीकृति देते हुए कहा, 'नहीं।'

'क्यों, छोटी माँ तेरे नाना के पास गई हैं। तू भी कल चला जा।'

यादव ने बीच में बाधा देते हुए कहा, 'बहूरानी के मन की बातें मैं ही समझता हूँ। यदि तुम माफ नहीं कर सकतीं तो बड़ी ही क्यों हुईं! जैसी तुम हो वैसा माधव है। मालूम पड़ता है तुम दोनों ने साजिश करके मेरी बहूरानी के प्राण ले लिये।'

लल्ला खामोश ही रहा।

उसे मौन देख यादव ने पूछा, 'जाएगा रे लल्ला?'

तकिए में मुँह छिपाते हुए लल्ला ने पूर्ववत् कहा, 'नहीं।'

कुछ रात रहे यादव काम पर जाने की तैयारी करने लगते थे। पाँच-छह दिन की बात है, एक दिन शेष रात्रि में तैयार होकर तमाखू पी रहे थे।

अन्नपूर्णा ने तभी बीच में बाधा देते हुए कहा, 'काफी देर हो रही है। सवेरा होने को है।'

यादव ने व्यग्र होकर हुक्का रख दिया और बोले, 'आज मन बहुत भारी सा है बड़ी बहू। रात को मुझे ऐसा लगा जैसे बहूरानी दरवाजे की ओट में खड़ी हुई है।'

उसके बाद वे उठे और 'दुर्गा दुर्गा' कहकर चल दिए।

सवेरे अन्नपूर्णा बड़े अनमने मन से रसोईघर का काम कर रही थी। तभी नए घर के नौकर ने आकर खबर दी कि बाबू कल रात को ही फरासडांगा चले गए हैं शायद छोटी बहू की तबीयत कुछ ज्यादा बिगड़ गई है।

सवेरे अन्नपूर्णा बड़े अनमने मन से रसोईघर का काम कर रही थी। तभी नए घर के नौकर ने आकर खबर दी कि बाबू कल रात को ही फरासडांगा चले गए हैं शायद छोटी बहू की तबीयत कुछ ज्यादा बिगड़ गई है।

अपने पति की प्रात:काल की बात याद करके अन्नपूर्णा की छाती भय से काँप गई। उसने फिर भी पूछा, 'क्या बीमारी है रे?'

'इतना तो नहीं सुना, पर सुना है कि बार-बार बेहोश हो जाती हैं। और कोई बहुत बड़ी बीमारी हो गई है।'

और शाम को घर आने पर यादव ने जो यह खबर सुनी तो वह रो पड़े। बोले, 'कितनी साध से मैं यह सोने की मूर्ति घर में लाया था बड़ी बहू! तुमने उसका मूल्य न समझ उसे पानी में बहा दिया है। मैं तो तत्काल ही जाऊँगा।

दु:ख, ग्लानि और पश्चाताप के कारण अन्नपूर्णा की छाती फटने लगी। शायद छोटी बहू को वे अमूल्य से भी ज्यादा प्यार करती थीं। अपनी गीली आँखें पोंछकर जबरदस्ती पति के पैरों को धोकर उन्हें संध्या के लिए बैठाकर वे आकर अँधेरे बरामदे में बैठ गईं। थोड़ी ही देर बाद माधव की आवाज आई। अन्नपूर्णा किसी आशंका से काँपती हुई, जी-जान से अपनी छाती थामकर दोनों कानों में उँगली डालकर और जी कड़ा करके बैठी रही।

रसोईघर में अँधेरा देखकर माधव इधर वाले कमरे में आया और अँधेरे में ही अन्नपूर्णा को पहचानकर बड़े सूखे स्वरों में बोला, 'शायद सुन लिया होगा भाभी!'

अन्नपूर्णा 'हाँ' या 'न' भी न कह सकी। न सिर ही उठा सकी।

माधव ने फिर कहा, 'अमूल्य का एक बार जाना बहुत जरूरी है भाभी। शायद उसका आखिरी समय आ गया है।'

औंधी गिरकर अन्नपूर्णा दहाड़ मारकर रोने लगी। यादव दूसरे कमरे से पागल की तरह दौड़ते हुए आए और चिल्लाकर बोले, 'ऐसा नहीं हो सकता माधव! मैं कहता हूँ न कि ऐसा नहीं हो सकता! अपने जान और अनजान में भी मैंने किसी को कभी कोई दुःख नहीं दिया। अब फिर मुझे इस उम्र में भगवान् यह दुःख क्यों देंगे!'

माधव चुप खड़े रहे।

यादव बोले, 'मुझे सब बातें साफ-साफ बता। मैं खुद जाकर बहूरानी को वापस ले आऊँगा। तू मत घबड़ा माधव! क्या गाड़ी है तेरे साथ?'

रसोईघर में अँधेरा देखकर माधव इधर वाले कमरे में आया और अँधेरे में ही अन्नपूर्णा को पहचानकर बड़े सूखे स्वरों में बोला, 'शायद सुन लिया होगा भाभी!' अन्नपूर्णा 'हाँ' या 'न' भी न कह सकी। न सिर ही उठा सकी।

माधव बोले, 'मैं तो बिल्कुल ही नहीं घबराया भैया? पर आप तो खुद ही⋯।'

'कुछ भी नहीं। अरे, बड़ी बहू ओ। अरे अमूल्य⋯।'

माधव ने टोका, 'अरे भैया, क्या इतनी रात गए⋯?'

'नहीं, नहीं, अब देरी ठीक नहीं। तू मत घबरा माधव। गाड़ी तो बुलवा, नहीं, तो मैं पैदल ही चला जाऊँगा।'

कुछ कहे बिना ही माधव गाड़ी लेने चला गया। गाड़ी आते ही चारों

‘मैं तो था भी नहीं। ठीक से नहीं जानता। सुना कि चार-पाँच दिन हुए बड़े जोरों का बुखार आया। बार-बार बेहोशी हो जाती थी तब से आज तक कोई एक गिलास पानी या दूध या दवा भी नहीं पिला सका। ठीक से पता नहीं कि क्या हुआ! पर अब आशा तो बिल्कुल भी नहीं है।’

जने उसी पर फौरन सवार हो गए।

यादव ने पूछा, ‘कैसे क्या हुआ?’

‘मैं तो था भी नहीं। ठीक से नहीं जानता। सुना कि चार-पाँच दिन हुए बड़े जोरों का बुखार आया। बार-बार बेहोशी हो जाती थी तब से आज तक कोई एक गिलास पानी या दूध या दवा भी नहीं पिला सका। ठीक से पता नहीं कि क्या हुआ! पर अब आशा तो बिल्कुल भी नहीं है।’

यादव जोरों से चीख उठे, ‘खूब कहा, हजार बार आशा है। मेरी बहू अभी जिंदा है और रहेगी। माधव जान ले। भगवान् इस आखिरी उमर में मुझसे झूठ न बुलवाएँगे। मैं तो आज तक कभी भी झूठ नहीं बोला।’

भावावेश में माधव ने झुककर बड़े भाई के पाँव छूकर हाथ माथे में लगाया और चुपचाप बैठे रहे।

नौ

जाने कितने दिनों से बिना खाना-पानी के ही बिंदो अपने को घुलाती आ रही थी, यह किसी को मालूम न था। मायके पहुँचते ही वह बुखार में पड़ गई। दूसरे दिन तीन-चार बार बेहोशी हुई। और आखिरी बार की बेहोशी तो बहुत ही लंबी थी। किसी तरह मिटना ही नहीं चाहती। बहुत प्रयत्न के बाद, बहुत देरी से जब उसे होश भी आया तो उसकी नाड़ी बिल्कुल ही बैठ सी गई थी। खबर पाते ही भागते हुए माधव आए। बिंदो ने पति के पाँवों की धूल माथे पर लगाई पर दाँत पिचकाकर पड़ रही। सैकड़ों प्रयत्न करने पर भी एक बूँद पानी या दूध भी उसने न पिया।

माधव ने निराश होकर कहा, 'यों आत्महत्या क्यों करना चाहती हो?'

बिंदो की आँखों में आँसू बह चले। काफी देर बाद उसने धीरे-धीरे कहना शुरू किया, 'मेरा तो सर्वस्व लल्ला है। सिर्फ दो हजार रुपए नरेंद्र को देना और उसे भी पढ़ाना। वह मेरे लल्ला को बहुत प्यार करता है।'

माधव ने ओठों को दाँतों के जोर से दबाकर अपनी रुलाई रोकी।

बिंदो ने इशारा करके माधव को अपने और पास बुलाया और कहा, 'देखो, उसके सिवा और कोई मुझे आग न दे।'

माधव ने इस आघात को भी सह लिया और धीरे से बिंदो के कान के पास मुँह ले जाकर कहा, 'किसी को देखना चाहती हो?'

माधव ने निराश होकर कहा, 'यों आत्महत्या क्यों करना चाहती हो?' बिंदो की आँखों में आँसू बह चले। काफी देर बाद उसने धीरे-धीरे कहना शुरू किया, 'मेरा तो सर्वस्व लल्ला है। सिर्फ दो हजार रुपए नरेंद्र को देना और उसे भी पढ़ाना। वह मेरे लल्ला को बहुत प्यार करता है।'

बिंदो ने पहले तो सिर हिलाया फिर कहा, 'नहीं, रहने दो।'

बिंदो की माँ ने एक बार फिर दवा पिलाने की कोशिश की। लेकिन बिंदो ने फिर पहले की तरह ही दाँत पीस लिये।

एकाएक माधव उठ खड़े हुए और बोले, 'यह नहीं होगा बिंदो! तुम हम लोगों की बात ही नहीं सुनतीं। लेकिन तुम जिसकी बात कभी नहीं टाल सकतीं उसे ही लिवाने जा रहा हूँ। सिर्फ मेरी इतनी सी बात मानना कि लौटने पर तुम्हें देख पाऊँ!'

बाहर आकर माधव ने आँखों के आँसू सुखाए। उस रात तो बिंदो शांत होकर सो गई। और तब सवेरा ही हुआ था। सूरज भी निकल ही रहा था कि माधव कमरे में आए और ज्यों ही दीपक बुझाकर उन्होंने खिड़कियाँ खोलीं कि बिंदो की आँख भी खुल गई और सामने ही प्रभात के नव प्रकाश में

अपने पति का श्रीमुख देखा और तनिक मुसकान के साथ पूछा, 'कब आए?'

'अभी-अभी, सीधा ही चला आ रहा हूँ। भैया तो जैसे पागल हो गए हैं। बहुत रो-धो रहे हैं।'

बिंदो धीरे से बोली, 'यह मैं समझती हूँ। क्या उनके चरणों की धूलि लाए हो?'

'वे खुद आए हैं। बाहर बैठे तमाखू पी रहे हैं। भाभी भी आई हैं न! हाथ-पाँव धो रही हैं। लल्ला को तो गाड़ी में ही नींद लग गई थी। ऊपर के कमरे में उसे सुला दिया है। क्या जगा लाऊँ?'

अन्नपूर्णा रोने लगी और रुदन का वेग कम होने पर अपने को जरा सँभालकर बोली, 'क्यों री छोटी? दवाई क्यों नहीं खाती? क्या मरना चाहती है इसीलिए यह सबकुछ करती है?'

बिंदो सुनकर स्थिर हो गई, फिर बोली, 'नहीं, रहने दो।'

फिर करवट बदलकर दूसरी ओर मुँह करके पड़ रही।

अन्नपूर्णा जब कमरे में आई और बिंदो के सिरहाने बैठकर ज्योंही उसके माथे पर हाथ फेरा कि वह चौंक गई। अन्नपूर्णा रोने लगी और रुदन का वेग कम होने पर अपने को जरा सँभालकर बोली, 'क्यों री छोटी? दवाई क्यों नहीं खाती? क्या मरना चाहती है इसीलिए यह सबकुछ करती है?'

बिंदो कुछ न बोली।

अन्नपूर्णा ने बड़े स्नेह से उसके कान के पास मुँह ले जाकर धीरे से कहा, 'क्या समझती नहीं! तेरी दशा देखकर मेरी छाती फटी जा रही है।'

बिंदो को जवाब देना ही पड़ा, 'सबकुछ समझती हूँ, जीजी!'

'तो इधर मुँह घुमा। तेरे जेठजी खुद तुझे घर लिवा जाने के लिए आए हैं और तेरा लल्ला तो रोते-रोते थककर सो गया। मेरी बात तो सुन, इधर मुँह घुमा।'

इस पर भी बिंदो ने मुँह नहीं घुमाया। सिर हिलाकर बोली, 'नहीं जीजी, पहले…।'

तभी यादव आकर दरवाजे पर खड़े हो गए थे और उन्हें देखते ही अन्नपूर्णा ने बिंदो के माथे पर आँचल खींच दिया। यादव ने क्षण भर उदास मन, सिर झुकाए खड़े रहकर अपने अशेष स्नेह की इस प्रतिमा छोटी बहू को निहारा जो चादर में लिपटी पड़ी थी फिर अपने आँसू रोकते हुए भर्राए गले से बोले, 'बहूरानी, घर चलो न! मैं तुम्हें लिवाने आया हूँ।'

यादव के रूखे-सूखे व कमजोर चेहरे को देखकर वहाँ मौजूद हर आदमी की आँखें भर आयीं। थोड़ी देर चुप रहकर यादव ने फिर कहना शुरू किया—'और एक दिन जब तुम बहुत छोटी सी थीं बेटी, तब मैं आकर अपने घर की लक्ष्मी को लिवा ले गया था। दुबारा भी लिवाने के लिए ही आना होगा, यह कभी भी न सोचा था।··· हाँ बेटी, सुनो, जब आ ही गया हूँ तब या तो तुम्हें अपने ही साथ लिवाकर लौटूँगा नहीं तो फिर उस घर की तरफ कभी मुँह भी न करूँगा। बेटी, तुम जानती तो हो कि मैं कभी झूठ नहीं बोलता!'

यादव ने क्षण भर उदास मन, सिर झुकाए खड़े रहकर अपने अशेष स्नेह की इस प्रतिमा छोटी बहू को निहारा जो चादर में लिपटी पड़ी थी फिर अपने आँसू रोकते हुए भर्राए गले से बोले, 'बहूरानी, घर चलो न! मैं तुम्हें लिवाने आया हूँ।'

इतना कहकर अपनी गीली आँखें सुखाते हुए यादव कमरे से बाहर चले गए। तभी अचानक बिंदो ने करवट बदली और मुँह इस ओर घुमाकर कहा, 'जीजी! लाओ न, क्या खाने को देती हो? और हाँ, लल्ला को लाकर मेरे पास लिटा दो और तुम सब लोग बाहर जाओ और आराम करो। अब किसी बात का, किसी तरह का भी डर नहीं है। अब मैं मर नहीं सकती। मरूँगी भी नहीं।'

□

काशीनाथ

एक

चार बजे रात से ही नहा-धोकर, पूजापाठ कर, चोटी बाँधकर काशीनाथ जब पंडित धनंजय भट्टाचार्य की पाठशाला के बरामदे में बैठकर दर्शनशास्त्र के सूत्र एवं भाष्य रटने लगता तो उसे बाहरी दुनिया का खयाल न रहता। उन्नत ललाट और दीर्घ आकृति का काशीनाथ बंद्योपाध्याय दर्शशास्त्र की गहराई में डूबकर सबकुछ भूल सा जाता। लोग उसके बारे में तरह-तरह की अटकलबाजियाँ करते। कोई कहता, वह पिता के समान विद्वान् होगा, कोई कहता कहीं पिता के समान पढ़ते-पढ़ते पागल न हो जाए। ऐसा सोचने वालों में उसके मामा भी थे। कभी-कभी वे बाधा देते हुए कह भी बैठते कि बेटा तुम गरीब लड़के हो, अधिक पढ़-लिखकर क्या करोगे? जितना पढ़-लिख चुके हो उतना ही काफी है तुम्हारे लिए। इतना अधिक पढ़कर क्या तुम भी स्वर्गीय बंद्योपाध्याय की तरह घर के एक कोने में पड़े सिर हिलाओगे क्या? थोड़ी-बहुत जो उम्मीद है, वह भी जाती रहेगी।

मामा की सीख काशीनाथ इस कान से सुनता और उस कान से उड़ा देता।

पागल हो जाने के भय से मामा उसे फटकारते। घर का काम-धंधा न हो पाने के कारण मामी भी बिगड़ती और ममेरे भाई उसकी खिल्ली

उड़ाया करते। परंतु काशीनाथ इन सब बातों को सहज ही सह लेता, मानो कुछ हुआ ही न हो।

परिणाम कुछ भी न निकला। वह पूर्ववत् ही सबकुछ करता रहा। शाम को मौज से मैदान में घूमता, नदी किनारे पीपल के वृक्ष के नीचे बैठकर अस्ताचल के डूबते हुए सूर्य की ललाई देखता और कभी गाँव के जमींदार के घर जाकर शिव मंदिर में खड़ा अधमुँदे नेत्रों से शिव की आरती का आनंद लेता। कभी-कभी मामा के चंडी मंडप में चला जाता और एक कोने में कम्बल बिछाकर चुपचाप एकांत में बैत जाता।

ऐसा लगता मानो इसे कोई काम नहीं, उद्‌देश्य नहीं, कामना नहीं। बारह साल की उम्र में ही उसके पिता का स्वर्गवास हो गया था। ये छह वर्ष उसने मामा के यहाँ ही काट दिए हैं। वह क्या करता है, बाद में क्या करेगा, पहले क्या किया है और अब क्या करना जरूरी है, इसकी उसे कोई चिंता नहीं। उसे लगता मानो उसे यूँ ही दिन गुजारने हैं।

ऐसा लगता मानो इसे कोई काम नहीं, उद्‌देश्य नहीं, कामना नहीं। बारह साल की उम्र में ही उसके पिता का स्वर्गवास हो गया था। ये छह वर्ष उसने मामा के यहाँ ही काट दिए हैं। वह क्या करता है, बाद में क्या करेगा, पहले क्या किया है और अब क्या करना जरूरी है, इसकी उसे कोई चिंता नहीं। उसे लगता मानो उसे यूँ ही दिन गुजारने हैं। हमेशा मामा के घर दोनों वक्त सूखी रोटी और डाँट-फटकार सहनी हैं। न कहीं जाना है उसे और न कुछ करना ही है। वह नीरव कोना जैसे उसी का है और उसी का रहेगा। उस पर न कोई दखल जमाने आएगा, न उसे वहाँ से हटा ही सकेगा। मुहल्ले वाले समझाते, काशीनाथ, कुछ करो-धरो, इस तरह निठल्ले बैठने से कैसे काम चलेगा? कुछ-न-कुछ तो करना ही चाहिए! काशीनाथ प्रायः खामोश ही रहता, मन-ही-मन सोचता कि वह क्या कर रहा है और उसे क्या करना चाहिए? दिन किसी प्रकार बीत रहे थे।

दो

प्रियनाथ मुखोपाध्याय गाँव के जमींदार थे। अतिकुलीन तथा धनवान थे। कुल-मर्यादा की रक्षा के लिए इतने बड़े आदमी होने पर भी जब वे अपनी बेटी के लिए कोई सर्वगुण संपन्न वर खोजने में असमर्थ रहे तो उन्हें बेहद झुँझलाहट हुई। पत्नी से कभी जिक्र करते तो कहती, 'मेरे एकमात्र कन्या है, कुलीनता लेकर मुझे चाटना है क्या?'

हुआ भी ऐसा ही। दामाद को घर-जमाई बनाने की प्रेरणा लिए हुए एक दिन प्रियनाथ बाबू पंडित मधुसूदन मुखोपाध्याय के घर पहुँचे। मुखोपाध्याय जी उस समय यजमान के घर पूजा-पाठ करने जा रहे थे। प्रियनाथ बाबू को आया देख के असमंजस में पड़ गए।

उनके गुरुदेव उसी गाँव में रहते थे। उनसे पूछा तो वे बोले, 'हरि हरि! कहीं ऐसा भी संभव है? धन की कमी नहीं है तुम्हारे पास, किसी गरीब कुलीन संतान को कन्यादान करके जमाई और लड़की को अपने ही घर रखो। कितना अच्छा होगा यह। इतने बड़े वंश और कुल की मर्यादा को घटाना उचित नहीं।' प्रियनाथ बाबू ने घर लौटकर अपनी पत्नी से यह बात कही। उसने भी स्वीकृति देते हुए कहा, 'ठीक ही तो है। मैं भी यही चाहती हूँ कि जब तक जिऊँ, कमला मेरे ही पास रहे।'

हुआ भी ऐसा ही। दामाद को घर-जमाई बनाने की प्रेरणा लिए हुए एक दिन प्रियनाथ बाबू पंडित मधुसूदन मुखोपाध्याय के घर पहुँचे। मुखोपाध्याय जी उस समय यजमान के घर पूजा-पाठ करने जा रहे थे। प्रियनाथ बाबू को आया देख के असमंजस में पड़ गए। इतने बड़े जमींदार को यहाँ बैठाएँ, क्या करें, कुछ समय में नहीं आ रहा था। प्रियनाथ बाबू उनकी उलझन ताड़ गए और हँसकर बोले, 'आपसे कुछ बातें करनी हैं। चलिए भीतर चलें?'

'हाँ, हाँ, चलिए किंतु···।'

'किंतु–विंतु कुछ नहीं। आइए, बताता हूँ अभी आपको।'

दोनों चंडी मंडप की ओर बढ़ चले। प्रियनाथ बाबू ने बैठते ही पूछा, 'आपका भांजा कहाँ है?'

'भट्टाचार्य की पाठशाला में होगा।'

'जरा बुलाइए उसे।'

'बुलाए देता हूँ, कोई जरूरी काम है?'

'हाँ, एक जरूरी काम है।'

मधुसूदन की समझ में नहीं आ रहा था कि आखिर उस अकर्मण्य लड़के से इतने बड़े जमींदार का क्या काम हो सकता है। भयभीत से बोले, 'कोई अपराध हुआ है उससे क्या?'

'अपराध क्या होगा?'

'तब?'

प्रिय बाबू हँसते हुए बोले, 'मैंने उसे अपना जमाई बनाने का निश्चय किया है। इस नाते आप मेरे समधी हुए।' कहने के साथ ही वे ठहाका मारकर हँस पड़े।

जिस बात को सोचकर उन्हें हँसी आ गई थी, मधुसूदन को उसका ज्ञान हो जाता तो शायद वे चुप ही रहते। विस्मय से वे विस्फारित नेत्रों से उनकी ओर देखने लगे और कुछ क्षणों बाद बोले, 'काशीनाथ को?'

'हाँ।'

'किसलिए?'

'ढूँढ़ने पर भी मुझे उस जैसा कुलीन लड़का नहीं मिला। आपको कोई आपत्ति है क्या?'

'जरा बुलाइए उसे।'
'बुलाए देता हूँ, कोई जरूरी काम है?'
'हाँ, एक जरूरी काम है।'
मधुसूदन की समझ में नहीं आ रहा था कि आखिर उस अकर्मण्य लड़के से इतने बड़े जमींदार का क्या काम हो सकता है। भयभीत से बोले, 'कोई अपराध हुआ है उससे क्या?'

'नहीं तो, यह तो सौभाग्य है; किंतु···वह तो पागल है।'

'पागल! कैसे? मैंने तो ऐसा कभी नहीं सुना।'

'उसके पिता पागल थे।'

काशीनाथ के पिता से प्रियबाबू भली-भाँति परिचित थे। उन्हें यह भी मालूम था कि लोग उन्हें पागल समझते थे। कुछ देर तक सोचने के उपरांत वे बोले, 'उसका नाम क्या है?'

'काशीनाथ बंद्योपाध्याय।'

काशीनाथ के पिता से प्रियबाबू भली-भाँति परिचित थे। उन्हें यह भी मालूम था कि लोग उन्हें पागल समझते थे। कुछ देर तक सोचने के उपरांत वे बोले, 'उसका नाम क्या है?'
'काशीनाथ बंद्योपाध्याय।'

'आप उसे बुला दीजिए। मैं उससे मिलना चाहता हूँ।'

मधुसूदन ने अपने छोटे लड़के से उसे बुलवा भेजा। पाठशाला जाकर उसने आवाज लगाई, 'काशी भैया।' उसने सिर ऊपर उठाया और पूछा, 'क्या बात है?'

'पिताजी बुला रहे हैं?'

'किसलिए?'

'यह तो नहीं मालूम। गाँव के जमींदार बाबू आए हुए हैं, उन्होंने आपको बुलवा भेजा है।'

पोथी बंद करके काशीनाथ उठा और प्रिय बाबू के पास पहुँचा। उन्होंने उसे नीचे से ऊपर तक भली-भाँति देखा और पूछा, 'कहाँ थे तुम, काशीनाथ?'

'भट्टाचार्य की पाठशाला में।'

'व्याकरण पढ़ी है तुमने?'

सिर हिलाकर काशीनाथ बोला, 'जी हाँ, पढ़ी है।'

'साहित्य पढ़ा है?'

'थोड़ा सा पढ़ा है?'

'अब क्या पढ़ रहे हो?'

'सांख्यदर्शन।'

प्रिय बाबू ने आश्वस्त होकर कहा, 'अच्छा, जाओ, जाकर पढ़ो।'

काशीनाथ चला गया। उसकी समझ में कुछ नहीं आया कि उसे क्यों बुलाया गया था और क्यों जाने को कह दिया गया। पाठशाला पहुँचकर वह पुनः पोथी खोलकर बैठ गया। उसके चले जाने पर प्रियनाथ ने मधुसूदन से कहा, 'आप पागल वाली बात क्या कह रहे थे?'

काशीनाथ चला गया। उसकी समझ में कुछ नहीं आया कि उसे क्यों बुलाया गया था और क्यों जाने को कह दिया गया। पाठशाला पहुँचकर वह पुनः पोथी खोलकर बैठ गया। उसके चले जाने पर प्रियनाथ ने मधुसूदन से कहा, 'आप पागल वाली बात क्या कह रहे थे?'

मधुसूदनजी ने कहा, 'जी नहीं, ठीक पागल तो नहीं है किंतु कुछ अजीब सा है। इसलिए कुछ लोग पागल कहते हैं।'

'वह कैसे?'

'प्रायः पोथी में खोया रहता है या फिर इधर-उधर निरुद्देश्य घूमा करता है। कुछ अजीब सा स्वभाव है उसका।'

'और कुछ करता है?'

'हाँ, कभी-कभी अँधेरे में घंटों अकेला कमरे के कोने में गुमसुम सा बैठा रहता है।'

हँसते हुए प्रिय बाबू बोले, 'और कुछ?'

हँसी की गूढ़ता को भाँपते हुए मधुसूदन बोले, 'नहीं, और तो कुछ भी नहीं है।'

'जाइए, भीतर जाकर पूछ आइए। यदि सबकी राय हो तो इसी महीने में ब्याह हो जाए।'

अंदर आकर मधुसूदन ने अपनी स्त्री से सबकुछ बतलाया। सुनते ही मानो वह आकाश से जमीन पर आ रही। कौतूहल कम होने पर वह

बोली, 'काशी के साथ प्रिय बाबू की कन्या का विवाह! कहीं तुम पागल तो नहीं हो गए?'

'क्यों, इसमें पागल होने की क्या बात है?'

'और नहीं तो क्या?'

'काशीनाथ कितने कुलीन घर का लड़का है इसे मत भूलो।'

पंडितानीजी ने ठंडी साँस लेते हुए कहा, 'अपने हरी के साथ क्या यह रिश्ता नहीं हो सकता?'

बाहर आकर पंडित ने चेहरे पर अस्वाभाविक हँसी लाते हुए कहा, 'पंडितानी बहुत प्रसन्न हैं। हो भी क्यों न, आखिर काशी की माँ के स्थान पर है न। दो वर्ष की उम्र में ही उसकी माँ उसे अकेला छोड़ गई थी, तब से उनसे ही उसे पाला-पोसा है। बहनोई के देहांत के बाद से वह यहीं रह रहा है।'

हालाँकि दोनों जानते थे कि ऐसा होना संभव नहीं फिर भी मधुसूदन ने दीर्घ नि:श्वास लेते हुए कहा, 'तुम्हारी क्या राय है?'

पंडितानी ने दुखित होकर कहा, 'मेरी क्या राय, तुम जैसा उचित समझो।'

बाहर आकर पंडित ने चेहरे पर अस्वाभाविक हँसी लाते हुए कहा, 'पंडितानी बहुत प्रसन्न हैं। हो भी क्यों न, आखिर काशी की माँ के स्थान पर है न। दो वर्ष की उम्र में ही उसकी माँ उसे अकेला छोड़ गई थी, तब से उनसे ही उसे पाला-पोसा है। बहनोई के देहांत के बाद से वह यहीं रह रहा है।'

गरदन हिलाते हुए प्रिय बाबू बोले, 'मैं सबकुछ जानता हूँ। न हो तो आज ही पक्का कर डालिए।'

'पक्का क्या करना है? जब भी आप उचित समझें आशीर्वाद दे आऊँगा।'

'ऐसी बात नहीं है। मैं कुलीनता की मर्यादा के विषय में पूछ रहा था।'

'इस विषय पर क्या कहूँ? जैसा आप चाहेंगे वैसा ही होगा, फिर भी आपके भावी जमाई की मामी से भी पूछ लेना ठीक होगा।'

'ठीक ही तो है। मैं भी वही सोच रहा था।'

काशीनाथ की मामी की राय लेकर हरि बाबू की इच्छानुसार यह तै हुआ कि समधिन जी एक हजार रुपए नकद लिये बिना यह रिश्ता नहीं तय करेंगी। हुआ भी ऐसा ही। प्रियनाथ बाबू ने शर्त स्वीकार कर ली।

तीन

काशीनाथ ने जब देखा कि वह स्थाई रूप से घर-जमाई हो गया है, पहले की बात नहीं रह गई है; तब से उसका मानसिक सुख जाता है। वह कहीं स्वेच्छतया आ-जा नहीं सकता था, अपनी इच्छानुसार कुछ कर नहीं सकता था, मानों उसका अपना अस्तित्व ही नहीं रह गया था। कहीं जाना चाहता भी है तो ससुर की अनुमति नहीं मिलती अथवा सास की झुँझलाहट। बिचारा काशीनाथ मन मारकर रह जाता। उसे विस्मय हो रहा था उसके ऊपर इतना कठोर अनुशासन क्यों है? इस नियंत्रण से किसी का क्या हित सिद्ध होगा? कुछ समझ नहीं पा रहा था वह। किसी तरह वह अपने को समझा लेता। किंतु उसका हृदय उसे कुरेदता कि उसे कोई सुख नहीं, चैन नहीं, शांति नहीं। पहले वह स्वच्छंदतापूर्वक घूमा करता था, अब सोने के पिंजरे में कैद है। इस बात को वह भली-भाँति समझ गया। पहले वह विशाल समुद्र में तैरता था, अब कँटीली झाड़ी में कैद है। समुद्र में वह सुख से तैयार था सो बात नहीं थी, वहाँ भी उसे तूफान व तरंगों से खेलना पड़ता था, लेकिन यह निर्मल

पहले वह स्वच्छंदतापूर्वक घूमा करता था, अब सोने के पिंजरे में कैद है। इस बात को वह भली-भाँति समझ गया। पहले वह विशाल समुद्र में तैरता था, अब कँटीली झाड़ी में कैद है।

सरोवर तो और भी कष्टदायी हो गया था। कभी-कभी उसे ऐसा लगता कि उसे गरम पानी के कड़ाहे में डाल दिया गया है। सबने मंत्रणा कर उसकी देह को खरीद लिया है, उसका स्वयं का कुछ भी न रहा। सिर पर वह चोटी नहीं, कंठ में तुलसी माला नहीं, नंगे पैर नहीं, उघरा बदन नहीं, वह पाठशाला नहीं, नदी किनारे वह पीपल का वृक्ष नहीं, चंडी मंडप का वह एकांत कोना नहीं, कुछ भी नहीं रह गया।

उसे लगा जैसे उसका नया जन्म हुआ हो और पूर्वजन्म की चीजें उसने झाड़-झूड़कर फेंक दी हैं। शरीर और मन आपस में लड़कर थक गए हैं। शाम होते ही उसका मन नदी किनारे उस पीपल वृक्ष अथवा किसानों में भटकने लगा होता तो उसकी देह बहुमूल्य पोशाक पहने बग्गी पर घूमती होती। मन अब अँगोछा पहने नदी में डुबकियाँ लेता तो शरीर चौकी पर बैठा नौकरों द्वारा साबुन-तेल से धुलता-पुछता रहता। इस प्रकार एक ही काशीनाथ का दोहरा व्यक्तित्व हो गया था। उसका कोई भी कार्य भव्य न होता, न ही पूरा होता।

मन अब अँगोछा पहने नदी में डुबकियाँ लेता तो शरीर चौकी पर बैठा नौकरों द्वारा साबुन-तेल से धुलता-पुछता रहता। इस प्रकार एक ही काशीनाथ का दोहरा व्यक्तित्व हो गया था। उसका कोई भी कार्य भव्य न होता, न ही पूरा होता।

दिन बीतते गए। बारह महीने का अरसा ससुराल में गुजर गया। पहले के कुछ महीने अच्छे बीते, नएपन के मोह में पीछे मुड़कर देखने की जरूरत ही नहीं पड़ी, और अब वह सूखने लगा। उसकी दशा को और किसी ने समझा हो अथवा नहीं, लेकिन कमला अवश्य ताड़ गई; उसकी आँखों ने उसे विवश कर दिया। एक दिन उसने काशीनाथ से कहा, 'तुम दिनों-दिन सूखते क्यों जा रहे हो?'

'कौन कहता है?'

'मेरी आँखें कहती हैं।'

'गलत कहती हैं।'

कमला ने यथावत कहा, 'बात क्या है, कुछ बताओगे भी?'

'कुछ भी तो नहीं, क्या बताऊँ?'

'कुछ तो।'

'जरूर कुछ हुआ है। मैं समझती हूँ सबकुछ।'

काशीनाथ ने मुख फेरते हुए कहा, 'क्यों परेशान कर रही हो मुझे? मैं चला जाऊँगा यहाँ से।'

ज्योंही वह उठकर चलने को हुआ कि कमला ने उसका हाथ पकड़ लिया और अधीर होकर बोली, 'मत जाओ, अब से कुछ न कहा करूँगी।'

क्षणभर को काशीनाथ बैठ गया पर कुछ देर बाद उठकर चल दिया। कमला ने उसे रोका नहीं। पति के अचानक बिना कहे चले जाने पर तकिए में मुँह छिपाकर वह सुबक पड़ी।

बाहर आकर काशीनाथ आश्वस्त हुआ। फाटक से निकलकर वह सड़क पर आया। काफी दूर निकल जाने पर उसने पीछे मुड़कर देखा कि पीछे-पीछे दरबान चला आ रहा है। काशीनाथ झल्ला उठा। करीब आने पर उसने कहा, 'तू कहाँ चला आ रहा है?'

बाहर आकर काशीनाथ आश्वस्त हुआ। फाटक से निकलकर वह सड़क पर आया। काफी दूर निकल जाने पर उसने पीछे मुड़कर देखा कि पीछे-पीछे दरबान चला आ रहा है। काशीनाथ झल्ला उठा। करीब आने पर उसने कहा, 'तू कहाँ चला आ रहा है?'

उसने प्रणाम करते हुए कहा, 'सरकार के साथ।'

'मेरे साथ कोई जरूरत नहीं, तू लौट जा।'

'शाम को अकेले ही घूमेंगे क्या सरकार?'

कोई उत्तर न देकर काशीनाथ आगे बढ़ गया। दरबान की कुछ भी

समझ में नहीं आ रहा था, कुछ निश्चित नहीं कर पा रहा था वह। अंत में उसने तै किया कि वापस लौट चलना चाहिए। काशीनाथ ने उधर ध्यान नहीं दिया, सीधे मामा के घर पहुँचा। भीतर पहुँचकर सूने मन से बरामदे में आकर बैठ गया। कुछ समय के बाद जब हरि बाबू बाहर घूमने को निकले तो उन्होंने उसे देख लिया। अँधेरा होने के कारण वे उसे पहचान नहीं पाए। करीब आकर पूछा, 'कौन है ?'

हरिबाबू को विस्मय हुआ, तुरंत पूछ बैठे, 'ऐं? कुँवर साहब यहाँ।'
काशीनाथ खामोश ही रहा। हरिबाबू ने हल्ला मचाते हुए चिल्लाना शुरू किया, 'माँ, देखो तो जमींदार साहब के कुँवरजी आए हैं, तुम लोगों ने बैठने को आसन तक नहीं दिया।'
हरी की माँ दौड़ी-दौड़ी आई और बोली, 'अहोभाग्य, दुखिया मामी की सुध आई तो बेटा।'

काशीनाथ ने दबे स्वर में कहा, 'मैं हूँ।'

हरिबाबू को विस्मय हुआ, तुरंत पूछ बैठे, 'ऐं ? कुँवर साहब यहाँ।'

काशीनाथ खामोश ही रहा। हरिबाबू ने हल्ला मचाते हुए चिल्लाना शुरू किया, 'माँ, देखो तो जमींदार साहब के कुँवरजी आए हैं, तुम लोगों ने बैठने को आसन तक नहीं दिया।'

हरी की माँ दौड़ी-दौड़ी आई और बोली, 'अहोभाग्य, दुखिया मामी की सुध आई तो बेटा।'

काशीनाथ पहले की तरह ही खामोश था। मामी ने अपनी बड़ी लड़की बिंदुवासिनी को आवाज लगाई, 'बिंदुओ, जल्दी आ। तेरे भैया आए हुए हैं, बैठने को कुछ ला, तब तक मैं पूजा-पाठ कर लूँ।'

बिंदुवासिनी मधुसूदन भट्टाचार्य की छोटी लड़की थी। गृहस्थ घर की बहू होने के कारण मायके कम ही आ पाती थी। माह भर हुआ है उसे आए हुए, पर काशीनाथ को उसने नहीं देखा था। काशी को वह बेहद प्यार करती है अतः भैया का नाम सुनते ही दौड़ पड़ी। करीब आकर देखा तो

कोई दिखलाई नहीं पड़ा। बरामदे में अँधेरे में कोई बैठा हुआ था। इसके पहले उसने काशी भैया को इस स्थिति में नहीं देखा था।

काशी भैया अब बड़े आदमी हो गए थे, बड़े घर के जमाई होने के कारण वे 'बाबू' बन गए थे, यह सोचकर उसे हँसी आ गई, लेकिन जब पास आकर अँधेरे में उसका कुम्हलाया मुख देखा तो उसकी हँसी गायब हो गई। कभी उसने काशीनाथ का मुर्झाया चेहरा नहीं देखा था। इसके पहले घर भर में एक वही थी जो काशी भैया को कुछ-कुछ पहचान सकी थी। करीब आकर उसने स्नेह से काशीनाथ की पीठ पर हाथ फेरते हुए कहा, 'यहाँ क्यों बैठे हो, काशी भैया! आओ भीतर चलकर बैठो।' काशीनाथ चुपचाप उठकर भीतर आया और खाट पर बैठ गया।

बिंदु ने उलाहना देते हुए कहा, 'कितने दिन हो गए मुझे आए भैया, लेकिन तुम एक दिन भी मुझे देखने नहीं आए?'

'नहीं आ सका, बहन।'

'क्यों ऐसी भी क्या बात थी?'

काशीनाथ ने इधर-उधर टालते हुए कहा, 'वे लोग आने ही नहीं देते।'

'क्यों नहीं आने देते?'

बिंदु ने उलाहना देते हुए कहा, 'कितने दिन हो गए मुझे आए भैया, लेकिन तुम एक दिन भी मुझे देखने नहीं आए?'

'नहीं आ सका, बहन।'

'क्यों ऐसी भी क्या बात थी?'

काशीनाथ ने इधर-उधर टालते हुए कहा, 'वे लोग आने ही नहीं देते।'

अनमने मन से काशीनाथ ने कहा, 'यूँ ही, ऐसे ही।'

बिंदु ने दुखित होकर पूछा, 'तुम जहाँ जाना चाहते हो, नहीं जा पाते?'

'नहीं, मुझे जाने नहीं दिया जाता, इससे मेरे ससुर का नुकसान होता है।'

बिंदु ताड़ गई कि इन बातों से भैया को कष्ट हो रहा है, इसलिए बातचीत का सिलसिला बदलते हुए कहा, 'भैया, तुमने बहू तो दिखाई ही नहीं?'

काशीनाथ चुप ही रहा।

बिंदु ने पुनः दुहराया, 'कैसी है बहू?'

'अच्छी है!'

'तो किसी दिन जाकर देख आएँ?'

काशीनाथ ने बिंदु की ओर मुसकराकर कहा, 'देख आना।'

उसी समय बाहर गाड़ी की आहट सुनाई दी। बिंदु बोली, 'मालूम पड़ता है, तुम्हारी गाड़ी आ गई है।'

दूसरे दिन काशीनाथ स्वयं गाड़ी लेकर आया। ज्यों ही बिंदु चलने को हुई हरिबाबू आ पहुँचे। आते समय उन्होंने दरवाजे पर खड़ी गाड़ी देखकर अनुमान लगा लिया था। भीतर पहुँचकर उन्होंने माँ से पूछा, 'बिंदु कहाँ जा रही है, माँ?'

'हाँ, लगता है।' जाते समय उसने बिंदु से पूछा, 'कब तक आओगी?'

'कहाँ?'

'बहू देखने?'

बिंदु ने मुस्कराते हुए कहा, 'जिस दिन फुरसत हो आकर ले जाना।'

'कल आऊँ?'

'जरूर आना।'

दूसरे दिन काशीनाथ स्वयं गाड़ी लेकर आया। ज्यों ही बिंदु चलने को हुई हरिबाबू आ पहुँचे। आते समय उन्होंने दरवाजे पर खड़ी गाड़ी देखकर अनुमान लगा लिया था। भीतर पहुँचकर उन्होंने माँ से पूछा, 'बिंदु कहाँ जा रही है, माँ?'

माँ ने सहज ही कह दिया, 'बहू देखने जा रही है।'

'किसकी बहू? जमींदार की लड़की को?'

माँ चुप हो गई, कुछ बोली नहीं।

हरिबाबू ने गंभीर मुद्रा बनाते हुए कहा, 'यदि बिंदु वहाँ गई तो मैं आजीवन उसका मुँह नहीं देखूँगा।'

माँ ने विस्मित होकर पूछा, 'क्यों? भाई की बहू देखने में बुराई क्या है?'

'बुराई-भलाई के झमेले में नहीं पड़ता। केवल इतना ही जानता हूँ कि बिंदु अगर मेरी बात नहीं मानती तो इस घर में न आवे, बस।'

हरि भैया का स्वभाव बिंदु ने छिपा न था। उसने चुपचाप सब कपड़े-लत्ते उतार दिए। काशीनाथ चुपचाप खड़ा सबकुछ देखता रहा। दबा मन लिये चुपचाप गाड़ी में बैठ गया।

हरि भैया का स्वभाव बिंदु ने छिपा न था। उसने चुपचाप सब कपड़े-लत्ते उतार दिए। काशीनाथ चुपचाप खड़ा सबकुछ देखता रहा। दबा मन लिये चुपचाप गाड़ी में बैठ गया।

शाम को कमला ने उससे पूछा, 'ननदजी नहीं आई क्यों?'

काशीनाथ ने बुझे मन से कहा, 'आने नहीं दिया उन लोगों ने।'

'क्यों?'

'न मालूम क्यों, शायद शर्म लगती है यहाँ भेजने में!'

कमला के हृदय में यह बात भेद गई।

चार

कमला प्रिय बाबू की इकलौती संतान है। इसके पहले उन्होंने दो विवाह किए थे पर उनसे कोई संतान नहीं हुई। दोनों स्त्रियों के मर जाने पर उन्होंने वृद्धावस्था में वह तीसरा विवाह किया था, जिसके फलस्वरूप इन्हें कन्या रत्न के रूप में कमला मिली। नि:संतान होने पर पुत्र कन्या में कोई भेद नहीं रह जाता। इसीलिए उसका लाड़-प्यार अधिक बढ़ गया था। किसी की मजाल नहीं थी कि उसकी कोई बात काटे अथवा उसकी मरजी के खिलाफ कोई काम करे। कमला धनवती, रूपवती, गुणवती व विद्यावती सभी कुछ थी। इतना होते हुए भी वह एक आदमी को वश में नहीं कर पा रही थी और वह अन्य कोई नहीं, उसका पति था। कमला ने अनेक उपाय किए; क्रोधित होकर, दुखित होकर तथा मान-

अभिमान व सेवा करके देखा; मगर पति को वह काबू में नहीं कर पाई। उसके पास तक नहीं पहुँच पाई। गरीब होते हुए भी उसके पति का हृदय कितना विशाल था, इसका निर्णय न कर पाई वह। नित्य दोनों समय वह भगवान् से प्रार्थना करती, भगवान्, उनका मन मुझे दे दो। कभी-कभी तो उसे ऐसा लगता कि शायद उनके पास मन ही नहीं, इसीलिए वह वंचित है। काशीनाथ उसके लिए एक जटिल पहेली बन गया था। ज्यों-ज्यों दिन बीतते गए जटिलता और भी बढ़ती गई। कभी-कभी वह सोचती कि पति का इतना अतुल स्नेह शायद ही किसी स्त्री ने पाया हो, लेकिन साथ ही उसे यह सोचने पर भी विवश हो जाना पड़ता कि इतनी भीषण उपेक्षा भी शायद किसी के भाग्य में न होगी। दिन किसी प्रकार कटते रहे। कटते नहीं थे तो काशीनाथ के। न तो पोथियों में उसका मन रमता, न चुपचाप बैठने में ही आनंद आता और न ही हँसी-मजाक उसे अच्छी लगती। उसका हृष्ट-पुष्ट शरीर मलिन एवं क्षीण होने लगा और वर्ण काला पड़ने लगा। पति की गिरती दशा देख कमला की चिंता बढ़ गई। यद्यपि उसने प्रतिज्ञा की थी कि वह भविष्य में पति से कुछ भी न पूछेगी, लेकिन वह भी भंग हो गई। एक दिन पति के चरणों में सिर रखकर वह सिसकने लगी। काशीनाथ ने उसे उठाने की कोशिश की पर उठा न पाया।

कमला ने अनेक उपाय किए; क्रोधित होकर, दुखित होकर तथा मान-अभिमान व सेवा करके देखा; मगर पति को वह काबू में नहीं कर पाई। उसके पास तक नहीं पहुँच पाई। गरीब होते हुए भी उसके पति का हृदय कितना विशाल था, इसका निर्णय न कर पाई वह।

'क्यों रो रही है, क्या बात है?'

कमला कुछ बोली नहीं। काफी रोते रहने के बाद वह पुनः पैरों पर सिर रखकर बोली, 'तुम मुझे जान से मार डालो, लेकिन इस तरह थोड़ा-

थोड़ा करके मत जलाओ।'

काशीनाथ को विस्मय हुआ। यह बोला, 'बात क्या है? कुछ बताओगी भी, क्या किया है मैंने तुम्हारे साथ?'

'तुम जानते नहीं क्या?'

'नहीं तो, मुझे तो कुछ भी नहीं मालूम।'

'और जो बाकी रह गया है पूरा कर लो, थोड़ी सी जगह तो रहने दो अपने चरणों में। मैं कुछ नहीं माँगती।'

काशीनाथ ने सहारे से कमला को उठाया और दुलार से पूछा, 'क्या बात है, साफ बताओ न?'

काशीनाथ को विस्मय हुआ। यह बोला, 'बात क्या है? कुछ बताओगी भी, क्या किया है मैंने तुम्हारे साथ?'

'तुम जानते नहीं क्या?'

'नहीं तो, मुझे तो कुछ भी नहीं मालूम।'

'और जो बाकी रह गया है पूरा कर लो, थोड़ी सी जगह तो रहने दो अपने चरणों में। मैं कुछ नहीं माँगती।'

'कैसे होते जा रहे हो तुम दिन-पर-दिन?'

'क्या, मेरा शरीर बहुत दुबला हो गया है?'

आँखों को आँचल से ढके कमला रो रही थी। उसी दशा में उसने कहा, 'हाँ, काफी दुर्बल हो गया है।'

'मैं समझ रहा हूँ, पर करूँ क्या? तुम्हीं बताओ इसमें मेरा क्या कसूर?'

कमला ने कातर होकर कहा, 'तो दवा क्यों नहीं खाते?'

काशीनाथ ने हँसकर कहा, 'दवा से आराम न होगा।'

'क्यों?'

'यह तो नहीं जानता।'

'दवा से आराम न होगा तो किस चीज से होगा? आखिर चाहते क्या हो? मेरी तकदीर बिल्कुल जला डालना चाहते हो?'

संस्कृत पाठशाला में पढ़ा हुआ भोला-भाला काशीनाथ प्रीति की रीति

से अनभिज्ञ, प्रणय-संभाषण में कोरा, स्वाभाविक स्नेह से ओत-प्रोत होकर कमला का हाथ पकड़कर आँसू पोंछता हुआ बोला, 'यहाँ मुझे सुख नहीं मिल पा रहा है, इसलिए शायद ऐसा हुआ जा रहा हूँ।'

'तो यहाँ रहते ही क्यों हो?'

'करूँ क्या, कहाँ जाऊँ?'

'यहाँ के सिवाय और कहीं जगह नहीं है क्या? जहाँ सुख मिले वहीं जाकर रहो।'

संस्कृत पाठशाला में पढ़ा हुआ भोला-भाला काशीनाथ प्रीति की रीति से अनभिज्ञ, प्रणय-संभाषण में कोरा, स्वाभाविक स्नेह से ओत-प्रोत होकर कमला का हाथ पकड़कर आँसू पोंछता हुआ बोला, 'यहाँ मुझे सुख नहीं मिल पा रहा है, इसलिए शायद ऐसा हुआ जा रहा हूँ।'

'वैसा नहीं हो सकता।'

'क्यों नहीं हो सकता?'

'यहाँ न रहूँगा तो ससुरजी को बुरा लगेगा।'

'और क्या ऐसे मरना अच्छा लगेगा?'

'अच्छा तो नहीं लगेगा, किंतु और चारा ही क्या है तुम्हारे पिता ने मेरी गरीबी पर…'

कमला ने काशीनाथ के मुँह पर हाथ रखकर आगे बोलना रोक दिया और बोली, 'राम, राम! ऐसी बातें नहीं कहते। मुझसे साफ-साफ कहो, मैं जल्दी ही कोई युक्ति निकालूँगी।'

काशीनाथ ने आश्वस्त होकर कहा, 'सभी बातें तो खोलकर नहीं कही जा सकतीं।' कुछ देर चुप रहने के पश्चात् वह पुनः बोला, 'यह सब देख-सुनकर ऐसा लगता है कि मेरा तुम्हारा ब्याह होना ही नहीं चाहिए था?'

'क्यों?'

'तुम्हीं सोचो, मुझे पाकर तुम एक दिन के लिए भी सुखी हो सकीं? मैं प्रीति की रीति नहीं जानता! प्यार करना नहीं जानता, सच पूछा जाए तो

कुछ भी नहीं जानता। इस छोटी सी उम्र में न जाने तुम्हारी कितनी साधें, कितनी कामनाएँ होंगी, क्या एक भी पूरी हुई? मैं तुम्हारा पति न होकर केवल छाया मात्र हूँ।'

कमला की आँखों से आँसू गिरने लगे। वह कुछ समझ नहीं पा रही थी। उसके मन की बात हृदय के भीतर ही रह गई। बाहर निकलने को वह फड़फड़ा रही थी, लेकिन उसे ऐसा लगा मानो वह जबरदस्ती बंद कर दी गई हो किसी वायुहीन कमरे में। लाखों कोशिश के बावजूद वह कुछ कह नहीं पा रही थी। अंत में बहुत यत्न करने के बाद वह कुछ खुली। काँपते हुए उसने पूछा—'मुझे देख नहीं सकते क्या?'

कमला की आँखों से आँसू गिरने लगे। वह कुछ समझ नहीं पा रही थी। उसके मन की बात हृदय के भीतर ही रह गई। बाहर निकलने को वह फड़फड़ा रही थी, लेकिन उसे ऐसा लगा मानो वह जबरदस्ती बंद कर दी गई हो किसी वायुहीन कमरे में। लाखों कोशिश के बावजूद वह कुछ कह नहीं पा रही थी। अंत में बहुत यत्न करने के बाद वह कुछ खुली। काँपते हुए उसने पूछा—'मुझे देख नहीं सकते क्या?'

'यह मैं फिर कभी बताऊँगा।'

'आखिर बतलाते क्यों नहीं, मुझसे शादी करके तुम सुखी नहीं हो क्या?'

'क्या कहूँ, शायद नहीं हो पाया।'

'और किसी से सुखी होते क्या?'

'यह तो नहीं बतला सकता।'

कमला को लगा कि उसका सारा शरीर जला ही जा रहा है। तभी नौकरानी ने आकर कहा, 'जीजी, माँजी को बहुत तेज बुखार आ गया है, तुम्हें बुलवाया है।'

आँखें पोंछती हुई कमला बाहर निकल पड़ी।

पाँच

कमला की माँ का ज्वर नहीं उतरा। पंद्रह दिनों तक झेलती हुई अंत में सबको रोता हुआ छोड़कर वे इस दुनिया से चली गईं। पत्नी से जुदा होने पर प्रिय बाबू को गहरा सदमा पहुँचा। इस बुढ़ापे में उन्होंने सोच लिया कि वे भी अब ज्यादा दिनों के मेहमान नहीं हैं। कमला के सर पर ही सारी गृहस्थी का बोझ आ पड़ा। अपने सुख-दुःख के अलावा भी दुनिया में आदमी को बहुत करना पड़ता है। प्रिय बाबू की देख-रेख भी उसे ही करनी पड़ती थी। और काशीनाथ? उसकी बात ही जुदा थी। अवसर पाकर वह पुस्तकों का गट्ठर लेकर कमरा बंद कर पढ़ने जुट गया। पुस्तकों से जी ऊबने पर बाहर घूमने निकल पड़ता। कभी-कभी तो, दो-दो, तीन-तीन दिन तक घर ही न लौटता। किसी को उसके बारे में कुछ पता ही न लगता। उसकी यह हालत देखकर कमला निराश हो गई। युवती होते हुए भी वह अभी बालिका ही थी। पतिप्रेम एवं स्वामिभक्ति को वह ठीक से समझ ही नहीं पाई थी। सीखती भी कैसे, पति की ओर से बाधा पड़ गई थी जो। इसमें उसका क्या कसूर? जो कुछ सीख पाई थी उसे भी धीरे-धीरे भूलने लगी। उसके हृदय पर थोड़ी-बहुत सोने की लकीरें पड़ी हुई थीं वे चमक न पाई थीं; बाहर की सुंदरता भीतर प्रविष्ट न हो पाई थी कि स्वतः विलीन होने लगी।

युवती होते हुए भी वह अभी बालिका ही थी। पतिप्रेम एवं स्वामिभक्ति को वह ठीक से समझ ही नहीं पाई थी। सीखती भी कैसे, पति की ओर से बाधा पड़ गई थी जो। इसमें उसका क्या कसूर? जो कुछ सीख पाई थी उसे भी धीरे-धीरे भूलने लगी।

कमला कुछ जान भी न पाई। कभी-कभी उसे सबकुछ बिखरा सा लगता। उसी टूटी इमारत की तरह जिसकी ईंटें, पत्थर, लकड़ी के टुकड़े सबकुछ बिखर से गए हों, वह उनको जोड़ने का प्रयास करती पर असफल

रहती। उसमें सामर्थ्य भी नहीं था इतना। कभी वह महल था, आनंद वाटिका थी पर सपनों के साथ ही उसका अंत हो चला था। सपने सो गए थे, उसकी हिम्मत नहीं हो रही थी कि उन सपनों को पुनः बुलाए। जो बीत गया सो बीत चुका था।

बूढ़े पिता की सेवा-टहल, दास-दासियों की देखभाल करते हुए उसके दिन सुख से बीत रहे थे। मगर इसमें वास्तविक संतोष नहीं था। कमला की व्यथा से बूढ़ी नौकरानी मन-ही-मन क्लेश पाने लगी। एक दिन एकांत पाकर वह प्रिय बाबू से बोली, 'कुँअरजी को जाने क्या हो गया है। कभी रहते हैं, कभी चले जाते हैं घर से, कब क्या करते हैं किसी को कुछ मालूम नहीं। बिटिया रानी से भी बातें नहीं होतीं शायद।'

बूढ़े पिता की सेवा-टहल, दास-दासियों की देखभाल करते हुए उसके दिन सुख से बीत रहे थे। मगर इसमें वास्तविक संतोष नहीं था। कमला की व्यथा से बूढ़ी नौकरानी मन-ही-मन क्लेश पाने लगी। एक दिन एकांत पाकर वह प्रिय बाबू से बोली, 'कुँअरजी को जाने क्या हो गया है। कभी रहते हैं, कभी चले जाते हैं घर से, कब क्या करते हैं किसी को कुछ मालूम नहीं। बिटिया रानी से भी बातें नहीं होतीं शायद।'

प्रिय बाबू अपनी तबीयत से ही परेशान थे, उन्हें अवकाश ही नहीं मिल पाता था इन बातों की ओर ध्यान देने का। बुढ़िया की बातों ने उन्हें सचेत कर दिया। कमला से उन्होंने बड़े प्यार से पूछा, 'बिटिया, जो मैं पूछूँ उसे सही-सही बतलाओगी!'

कमला ने पिता के चेहरे पर नजरें गढ़ाए हुए पूछा, 'किस बात के लिए पिताजी?'

'देखो बेटी, इसमें शरमाने की कोई बात नहीं है, मुसीबत आने पर पिता से कोई बात छिपानी नहीं चाहिए, मुझसे सबकुछ साफ-साफ बता

दो ताकि मैं सबकुछ निबटाकर जाऊँ।'

कमला खामोश रही।

प्रियबाबू कुछ देर बाद बोले, 'तुम्हें सुखी देखने के लिए ही तो मैंने सही हाथों सौंपा है तुम्हें, बेटी। तुम्हारे अलावा और मेरा है ही कौन? तुम्हें दुखी देखकर तो मैं चैन से मर भी नहीं सकता।' वृद्ध पिता के नेत्र सजल हो उठे, कोर से आँसू लुढ़क पड़े। वही दशा थी कमला की। पिता ने दिलासा देकर उसके आँसू पोंछते हुए कहा, 'मुझसे साफ-साफ बता न बेटी?'

मन-ही-मन कमला सोचने लगी कि जब मेल ही नहीं हो पाया तो झगड़ा किस बात का। सिर हिलाकर उसने अपनी मौन स्वीकृति दे दी।

'लड़ाई न हुई तो क्या बात है कि तू उसे अच्छी नहीं लगती। आखिर समझूँ भी तो?'

कमला कुछ समझ नहीं पा रही थी कि क्या कहे? चुप्पी तोड़ते हुए वे बोले, 'तुम दोनों में कुछ झगड़ा हुआ है क्या?'

मन-ही-मन कमला सोचने लगी कि जब मेल ही नहीं हो पाया तो झगड़ा किस बात का। सिर हिलाकर उसने अपनी मौन स्वीकृति दे दी।

'लड़ाई न हुई तो क्या बात है कि तू उसे अच्छी नहीं लगती। आखिर समझूँ भी तो?'

कमला का जी चाहा कि कह दे ऐसी बात है किंतु वह कह न पाई। पति को वह नहीं भाती, यह कहने को उसका दिल तैयार नहीं हुआ। वह खामोश ही रही। प्रियबाबू ने रूखी हँसी हँसते हुए कहा, 'तुझे अच्छा नहीं लगता वह क्या?' कमला का हृदय आशंका से भर उठा, सामने काँपकर अपने हृदय को टटोलना चाहा किंतु असफल रही। उसे ऐसा लगा कि उसके संगीत की गति रुक गई है, कभी-कभी यदा-कदा दो-चार लोग आते हैं और चले जाते हैं कभी असावधानी से अनजाने कोई ध्वनि होती है, मन के सूने कोने में कभी कोई दूर से झाँक जाता है, बस। कमला ने

अपनी रोती आँखों को आँचल से ढक लिया। प्रियबाबू ने विनीत होकर कहा, 'बेटी, रो मत।'

'बाबूजी, हम लोग एक-दूसरे से काफी दूर हैं।'

प्रियबाबू ने कमला को अपने वक्ष से लगा लिया। स्वर में विनम्रता लाते हुए कहा, 'छिह बेटी, ऐसा नहीं सोचते। तू जिसकी बेटी है वह तेरी सबकुछ थी। अब भी रात की नीरवता में वह मेरे कदमों के पास आकर बैठती है, तुम लोगों के भय से दिन में नहीं आती। शाम हो रही है, कहीं उसने तेरी बातें सुन लीं तो उसे पीड़ा पहुँचेगी।'

प्रियबाबू ने कमला को अपने वक्ष से लगा लिया। स्वर में विनम्रता लाते हुए कहा, 'छिह बेटी, ऐसा नहीं सोचते। तू जिसकी बेटी है वह तेरी सबकुछ थी। अब भी रात की नीरवता में वह मेरे कदमों के पास आकर बैठती है, तुम लोगों के भय से दिन में नहीं आती। शाम हो रही है, कहीं उसने तेरी बातें सुन लीं तो उसे पीड़ा पहुँचेगी।'

शाम बीत चुकी थी। कमरे में अँधेरा बढ़ता जा रहा था। कमला ने चौंकते हुए दृष्टि दौड़ाई कि कहीं कोई कमरे में आया तो नहीं, पर वहाँ कोई था नहीं, उसे तसल्ली हुई। कमरे के बाहर आने पर उसके पाँव काँप रहे थे, शरीर काफी कमजोर सा लगता था मानो किसी ने आधा खून निकाल दिया हो। घर के काम-काज निबटाकर वह काशीनाथ के कमरे में पहुँची। दिया जल रहा था। जमीन पर आसन बिछाए काशीनाथ पोथी खोले बैठा था। काशीनाथ ने जब नेत्र ऊपर उठाए तो देखा कमला थी। आश्चर्य से उसने पूछा, 'तुम कब आईं?'

'हाँ आ गई हूँ।'

'बैठो।' कहकर काशीनाथ फिर पढ़ने मे जुट गया। कमला चुपचाप बैठी पति को निहारती रही। उसे उसका पढ़ना बुरा लगा। उसने पोथी बंद कर दी। काशीनाथ को ताज्जुब हुआ। वह बोला, 'क्यों बंद कर दी?'

'कुछ बातें करो न। रोज ही तो पढ़ते रहते हो, एक दिन न पढ़ोगे तो कुछ बिगड़ जाएगा?'

'तो इसीलिए पोथी बंद कर दी थी तुमने?'

'इसीलिए नहीं, तुम नाराज होंगे, कुछ कहोगे-सुनोगे, इसीलिए।'

काशीनाथ ने मुसकराकर कहा, 'नाराज क्यों होऊँगा कमला? कभी तुमसे कुछ कहा है? तुम बोलती नहीं, करीब नहीं आतीं, फिर पढ़ूँ न तो दिन कैसे कटे?' फिर जरा हँसते हुए कहा, 'दो दिनों से बुखार में पड़ा हुआ हूँ, कुछ खाया-पीया नहीं, पर तुमने तो झाँक तक नहीं लगाई।'

काशीनाथ ने मुसकराकर कहा, 'नाराज क्यों होऊँगा कमला? कभी तुमसे कुछ कहा है? तुम बोलती नहीं, करीब नहीं आतीं, फिर पढ़ूँ न तो दिन कैसे कटे?' फिर जरा हँसते हुए कहा, 'दो दिनों से बुखार में पड़ा हुआ हूँ, कुछ खाया-पीया नहीं, पर तुमने तो झाँक तक नहीं लगाई।'

कमला का जी भर आया। उसने देखा, पति का चेहरा बिल्कुल मुरझा गया है। सर पर हाथ रखकर देखा, जल रहा था। रोती हुई बोली, 'मेरे सारे दोषों को भुलाते हुए तुम एक बार मुझे क्षमा कर दो और अपना सारा भार मुझे स्वयं ढोने दो।'

'मैं दे तो सकता हूँ लेकिन तुम उसे सँभाल भी पाओगी?'

'क्यों नहीं?'

'देखूँगा।'

'मुझे अपना लो न!'

'वह तो काफी दिनों से अपना चुका हूँ। तुमने मुझे समझने की चेष्टा कहाँ की, शायद आगे भी ठीक से पहचान न पाओ।'

दीये के उजाले में कमला ने पति को जी भरकर देखा। उसे ऐसा लगा कि चेहरे के भीतर कोई चिनगारी राख के बीच दबी हुई है, मोम से ढँका मधु दबा पड़ा है। पलभर के लिए वह अपने को भूल गई। जोश में आकर वह कह बैठी, 'मुझे पहचानने का मौका क्यों नहीं दिया, इतने दिनों

तक ? क्यों छिपा रखा तुमने अपने को ? क्या मिला मुझे सताकर तुम्हें !' आत्मविभोर होकर वह पति के गले से लिपट गई। काशीनाथ की आँखों से आँसू गिरने लगे।

छह

दूसरे दिन प्रियबाबू ने काशीनाथ को बुलाकर कहा, 'बेटा, अब मैं थोड़े ही दिनों का मेहमान हूँ जाने कब चल बसूँ, मेरे आगे-पीछे कोई नहीं। जो जमीन-जायदाद छोड़ जाऊँगा, सब तुम्हारी है। दिन थोड़े ही रह गए हैं, मेरे रहते ही सबकुछ सँभाल लो अन्यथा आगे जाने क्या हो ? लोग सब उठा लेंगे।'

काशीनाथ ने सिर झुकाए हुए कहा, 'जैसी आज्ञा आपकी।'

प्रिय बाबू बोले, 'आज्ञा क्या दूँगा, कल सुबह से एक बार अपनी कचहरी में बैठा करो।'

'जैसी आज्ञा हो।' कहकर काशीनाथ कमरे से बाहर चला आया। प्रिय बाबू ने कमला को बुलाकर कहा, 'अब काफी बूढ़ा हो चला हूँ। मुझसे कुछ होता नहीं। इसीलिए अपनी जमींदारी का सारा भार काशीनाथ को सौंप दिया है ताकि आगे असुविधा न हो। बीच-बीच में देखता-समझता रहूँगा।'

'जैसी आज्ञा हो।' कहकर काशीनाथ कमरे से बाहर चला आया। प्रिय बाबू ने कमला को बुलाकर कहा, 'अब काफी बूढ़ा हो चला हूँ। मुझसे कुछ होता नहीं। इसीलिए अपनी जमींदारी का सारा भार काशीनाथ को सौंप दिया है ताकि आगे असुविधा न हो। बीच-बीच में देखता-समझता रहूँगा।'

कई दिनों तक प्रिय बाबू स्वयं काशीनाथ को लेकर कचहरी गए और जमींदारी की छोटी-मोटी बातें समझाते रहे। काशीनाथ भी काफी खुश था। घर में अंदर-ही-अंदर जो आग सुलग रही थी, उसका प्रकोप कुछ शांत हुआ।

काशीनाथ ने नियमित रूप से जमींदारी का कामकाज देखना शुरू कर दिया। कमला गृहस्थी सँभालने लगी। प्रिय बाबू ने चैन की साँस लेकर शय्या पकड़ ली। सबकुछ ठीक-ठीक चला जा रहा था कि अचानक प्रिय बाबू का स्वास्थ्य कुछ गिरने लगा। एक दिन उन्होंने कमला से कहा, 'मैंने वसीयतनामा लिखवा दिया है' तकिए के नीचे से एक कागज निकालकर वे पढ़ने लगे। 'मैं अपनी स्थावर व संपूर्ण संपत्ति का आधा भाग अपने दामाद काशीनाथ को और आधा भाग पुत्री कमला देवी को दिए जाता हूँ—क्यों, बेटी ठीक तो है न?'

कमला चुप ही रही। प्रिय बाबू को आश्चर्य हुआ। उन्होंने पूछा, 'क्यों बेटी, तुझे पसंद नहीं है क्या?' यह वसीयत उन्होंने कमला को खुश करने के लिए ही लिखी थी। उनका विचार था कि जायदाद का अधिकार काशीनाथ के नाम होने से कमला बहुत खुश होगी, किंतु कमला कुछ और ही सोच रही थी, कुछ कहते हुए झिझक मालूम पड़ रही थी उसे। प्रिय बाबू ने उसकी झेंप मिटाने के लिए पूछा, 'कुछ कहना चाहती हो क्या?'

कमला चुप ही रही। प्रिय बाबू को आश्चर्य हुआ। उन्होंने पूछा, 'क्यों बेटी, तुझे पसंद नहीं है क्या?' यह वसीयत उन्होंने कमला को खुश करने के लिए ही लिखी थी। उनका विचार था कि जायदाद का अधिकार काशीनाथ के नाम होने से कमला बहुत खुश होगी, किंतु कमला कुछ और ही सोच रही थी, कुछ कहते हुए झिझक मालूम पड़ रही थी उसे।

कमला ने सिर हिलाते हुए कहा, 'हाँ।'

'क्या कहना चाहती हो?'

कमला पहले तो अचकचाई, फिर अपने को काबू में करती हुई बोली, 'सारी संपत्ति मेरे नाम लिख दीजिए।'

'क्यों?'

कमला मुँह लटकाए बैठी रही।

प्रिय बाबू अनुभवी व्यक्ति थे, उन्होंने जमाना देखा था। कमला के मन की बात भाँपते हुए उन्हें देर न लगी। एक-एक कर सारी बातें उनके हृदय में बैठने लगीं। तह तक पहुँचकर उन्हें बेचैनी हुई। तकिए का सहारा लेकर उन्होंने आँखें मींच लीं और सिर रखकर लेट गए।

काफी देर तक चुप रहने के बाद वे बोले, 'तुम मेरी इकलौती संतान हो इसलिए तुम्हारा जी नहीं दुखाना चाहता। सारी संपत्ति मैं तुम्हारे ही नाम कर सकता हूँ लेकिन यह तुम्हारे हित में न होगा। मैं आशीर्वाद देता हूँ कि तुम सुखी रहो, लेकिन इस बात का भरोसा कम ही है। अपनी इस लंबी जिंदगी में मैंने बहुत कुछ देखा, सुना, समझा है, तीन-तीन ब्याह कर चुका हूँ। इसलिए कहता हूँ कि ऐसा मन लेकर कोई भी औरत कभी सुखी नहीं हो सकती।' कुछ देर चुप रहने के बाद वे पुनः बोले, 'देखने-सुनने में ठीक लगेगा, तुम्हें भी खुशी होगी, यही सोचकर मैंने दोनों के नाम आधा-आधा लिख दिया था, क्योंकि मैं जानता था कि तुम और वह अलग नहीं हो। छोड़, यह तो बता कि तेरे मन में यह बात आई कैसे?'

काफी देर तक चुप रहने के बाद वे बोले, 'तुम मेरी इकलौती संतान हो इसलिए तुम्हारा जी नहीं दुखाना चाहता। सारी संपत्ति मैं तुम्हारे ही नाम कर सकता हूँ लेकिन यह तुम्हारे हित में न होगा। मैं आशीर्वाद देता हूँ कि तुम सुखी रहो, लेकिन इस बात का भरोसा कम ही है।

कमला रुआँसी होकर बोली, 'संपत्ति का स्वामी बन जाने पर कोई मेरी तरफ मुड़कर भी नहीं देखेगा।'

'और न मिलने पर?'

'मेरे वश में रहेंगे!'

प्रियबाबू बोले, 'मैं काशीनाथ को पहचानता हूँ, तुम नहीं जानतीं उसे। वह ठीक अपने बाप का जैसा है। अगर वह तुम्हें देख नहीं सकता, तो संपत्ति पाने पर भी न देख पाएगा। ऐसी स्थिति में कोई फर्क नहीं पड़ता।

और सुन बिटिया, इस तरह पति को काबू में नहीं रखा जा सकता। ताकत से जंगल के शेर को वश में किया जा सकता है, लेकिन जबर्दस्ती एक फूल के साथ नहीं की जा सकती।'

कुछ देर चुप रहने के बाद वे फिर बोले, 'भगवान् करे तुम कामयाब हो, पर जो तुमने सोचा है वह ठीक नहीं है। अगर वह स्वयं तुम्हें अपना न सका, तो तुम्हारे पास शेष बचेगा ही क्या? जो रह जाएगा, उसके लिए क्या आधी संपत्ति पर्याप्त नहीं है? एक बात और है, पति को देह, मन, आत्मा, पार्थिव-अपार्थिव सभी कुछ दिया जाता है—और जिसे सबकुछ दे दिया जाता है, उसे क्या आधा भी नहीं दिया जा सकता? कमला, ऐसा मत सोच बेटी, यदि कभी उसे मालूम हो गया तो उसका दिल क्या कहेगा, वह काफी दुखी हो उठेगा।'

कमला कुछ बोली नहीं, प्रियबाबू भी चुप हो गए। आधे घंटे तक दोनों मौन रहे। अँधेरा घिरता आ रहा था, नौकरानी कमरे में बत्ती रखकर चली गई। कमला अपनी आँखें पोंछकर कमरे के बाहर आई, गृहस्थी के कामों में जुट गई।

कमला कुछ बोली नहीं, प्रियबाबू भी चुप हो गए। आधे घंटे तक दोनों मौन रहे। अँधेरा घिरता आ रहा था, नौकरानी कमरे में बत्ती रखकर चली गई। कमला अपनी आँखें पोंछकर कमरे के बाहर आई, गृहस्थी के कामों में जुट गई।

दूसरे दिन प्रियबाबू ने वकील को बुलवाकर कहा, 'मैं वसीयतनामा बदलवाना चाहता हूँ।'

वकील ने पूछा, 'क्या बदलवाना चाहते हैं?'

'दामाद को च्युत कर मैं अपनी सारी संपत्ति लड़की के नाम कर देने की सोच रहा हूँ।'

'किसलिए?'

'इस प्रश्न की आवश्यकता नहीं। जैसा कहता हूँ वैसा कीजिए।'

सात

प्रियबाबू का श्राद्ध-कर्म संपन्न होने पर जब काशीनाथ ने वसीयत देखी तो उसे तनिक भी दुःख या आश्चर्य नहीं हुआ। संसार में जो कुछ रोज होता है और जो कुछ होना चाहिए, वही हुआ। इसमें दुखित या चकित होने की बात नहीं थी। फिर भी एक दिन दीवान साहब ने काशीनाथ से अकेले में कहा 'कुँवर साहब, यह तो बहुत बुरा हुआ। मैंने स्वप्न में भी नहीं सोचा था कि बाबू साहब ऐसी वसीयत कर जाएँगे। पहले उन्होंने जो वसीयत की थी उसमें आपको और लड़की को बराबर का हिस्सा दिया था। उन्होंने उसे बदल डाला, किसकी सलाह से उन्होंने ऐसा किया, कुछ, समझ में ही नहीं आता।'

काशीनाथ ने मुसकराते हुए कहा, 'इसमें समझने की क्या बात है? जिसकी संपत्ति थी उसे मिली, उसमें मेरा क्या, आपका क्या?'

दीवान जी कुछ अचकचाकर बोले, 'फिर भी···फिर भी।'

'फिर भी की तो कोई गुंजाइश ही नहीं। सच में देखा जाए तो इस संपत्ति पर मेरा कोई अधिकार ही नहीं है। आश्चर्य की बात तो तब थी जब वे मुझे आधा दे जाते। और फिर इसमें फर्क ही क्या पड़ता है मुझे आधी देते, उसे पूरी दे गए—दोनों एक सी बात है। अंतर ही क्या है इसमें?'

'फिर भी की तो कोई गुंजाइश ही नहीं। सच में देखा जाए तो इस संपत्ति पर मेरा कोई अधिकार ही नहीं है। आश्चर्य की बात तो तब थी जब वे मुझे आधा दे जाते। और फिर इसमें फर्क ही क्या पड़ता है मुझे आधी देते, उसे पूरी दे गए—दोनों एक सी बात है। अंतर ही क्या है इसमें?'

दीवान साहब और भी हताश हो गए। रूखी बात बनाते हुए बोले, 'नहीं-नहीं, अंतर कुछ भी नहीं पड़ता। मैं तो बाबूजी के लिए कह रहा था। उनके मन की बात को मैं अच्छी तरह से समझता था, इसीलिए कह रहा था।'

'उन्होंने अपना फर्ज पूरा किया। जरा सोचिए तो, औरत के लिए 'पति के सिवाय कोई गति नहीं, मगर पति के लिए तो और भी आधार हो सकता है। मैं गरीब हूँ, यकायक इतनी बड़ी संपत्ति पा जाने का परिणाम बुरा भी तो हो सकता है। शायद यही सोचकर उन्होंने वसीयत बदलवा दी हो।'

बूढ़ा दीवान काशीनाथ को सदा से निरा मूर्ख समझता आ रहा था। आज अचानक उसके मुँह से ऐसी बुद्धिमानी की बात सुनकर उसका हृदय उसे धन्यवाद देने को हुआ। बुजुर्ग दीवान काशीनाथ के प्रति काफी उदार हो उठे और कमला उससे उतनी ही दूर होती गई। दिन में सैकड़ों बार वह स्वयं से पूछती, 'कैसे व्यक्ति हैं ये। वह कुछ समझ न पाती और स्वयं में उलझकर उसका मन कहता, कुछ समझ में नही आया।

हजारों कोशिशों के बावजूद वह कुछ निर्णय नहीं कर पा रही थी कि यह दो हाथ-पैर वाला आदमी आखिर किस चीज से बना है? उसके शरीर में मन है भी या कहीं गिरवी रख दिया है? इतना तो वह भी समझती है कि दुनिया जो कुछ भी करती है वही उसका पति भी करता है। खाता है, सोता है, जमींदारी की देखभाल करता है। सभी विषयों में उसकी दिलचस्पी भी है और उदासीनता भी। यह तो वह नहीं समझ पाई आज तक कि उसके पति को क्या अच्छा लगता है या किस वस्तु से उसे अत्यधिक प्रेम है। कमला जब कभी बीमार होती है तो काशीनाथ सारी रात आँखों में ही काट देता है। उसके चेहरे पर इतना विषाद, हृदय में स्नेह और प्रेम बढ़ जाता है

हजारों कोशिशों के बावजूद वह कुछ निर्णय नहीं कर पा रही थी कि यह दो हाथ-पैर वाला आदमी आखिर किस चीज से बना है? उसके शरीर में मन है भी या कहीं गिरवी रख दिया है? इतना तो वह भी समझती है कि दुनिया जो कुछ भी करती है वही उसका पति भी करता है। खाता है, सोता है, जमींदारी की देखभाल करता है।

कि घेरा तोड़कर बाहर निकल पड़ता है और जब वह अच्छी हो जाती है, हिलने-डोलने लगती है अथवा सामने पड़ जाती है तो वह कतराने लगता है, अपनी धुन में रम जाता है। कई बार कमला ने रूठकर दो-दो दिन बोलना बंद कर दिया पर कोई नतीजा नहीं निकला। काशीनाथ करीब आया और चला गया; उसने न मनाया न बातें ही कीं। और जब कमला जब बोलने लगती तो वह भी पहले की ही भाँति प्रसन्नता से बोलने लगता। वह कभी पूछता भी न कि वह दो दिनों तक बोली क्यों नहीं या नाराज क्यों थी?

काफी सोच-विचार के बाद कमला ने अंत में यह फैसला किया कि वह भी अपने उदासीन पति को जताकर रहेगी कि यदि वह उसकी उपेक्षा करता है तो वह भी उसकी परवाह नहीं करती। और न इतना प्यार ही करती है कि कोई उसे पैरों तले कुचले और वह किसी के चरणों में लिपटी रहे। पति से भेंट हो जाने पर मुँह फेरकर एक ओर चल देती, मानो वह यह जतलाना चाहती हो कि तुम पर अहसान करके मैंने तुम्हें अपना पति बनाया है, इसका मतलब यह नहीं कि तुम्हारे कदमों में ही मेरे प्राण उलझे हुए हैं, इसीलिए भेंट होते ही तुमसे मीठी बातें करूँगी। लेकिन मेरे काम के समय सामने आ जाओगे तो मैं भी तुम्हारी ओर देखूँगी नहीं।

कमला जब कभी बीमार होती है तो काशीनाथ सारी रात आँखों में ही काट देता है। उसके चेहरे पर इतना विषाद, हृदय में स्नेह और प्रेम बढ़ जाता है कि घेरा तोड़कर बाहर निकल पड़ता है और जब वह अच्छी हो जाती है, हिलने-डोलने लगती है अथवा सामने पड़ जाती है तो वह कतराने लगता है, अपनी धुन में रम जाता है।

जब किसी नौकर अथवा नौकरानी को वह फटकारती और संयोग से काशीनाथ के मुँह से कुछ निकल पड़ता तो कमला उसे सुनी-अनसुनी कर देती और पहले की भाँति फटकार चालू रखती जैसे वह कह रही हो कि

नौकर मेरे हैं, नौकरानियाँ मेरी हैं, मकान मेरा है, जो जी में आएगा कहूँगी, तुम बीच में दखल देने वाले कौन हो?

इन बातों से तृप्ति तो हो नहीं सकती। इस प्रकार कहीं वासना की पूर्ति हो सकती है? हाँ, यदि तृप्ति हो सकती तो काशीनाथ को डिगा सकती। कोई कुछ भी करे वह अपने प्रशांत एवं गंभीर चेहरे से साफ-साफ समझा देता है कि मैं अपने आप में निश्चिंत हूँ—सुमेरु पर्वत की भाँति तुम उसे तिल मात्र डिगा नहीं सकतीं। जितना चाहो, सर पर उठा लो, आँधी-तूफान बन पेड़-पौधों को तहस-नहस करो, किंतु मुझे मेरे पथ से डिगा नहीं सकतीं।

क्या कमला प्रेम नहीं करती है, पर उसमें गंभीरता नहीं है। मानो लक्ष्मण रेखा खींचकर कहना चाहती है कि इसके बाहर मत जाओ। और यदि जाओगे तो मुझसे सहा न जाएगा। संभवतया मैं तुमसे तब भी प्रेम करूँगी पर तुम्हारे मान की रक्षा नहीं करूँगी।

क्या कमला प्रेम नहीं करती है, पर उसमें गंभीरता नहीं है। मानो लक्ष्मण रेखा खींचकर कहना चाहती है कि इसके बाहर मत जाओ। और यदि जाओगे तो मुझसे सहा न जाएगा। संभवतया मैं तुमसे तब भी प्रेम करूँगी पर तुम्हारे मान की रक्षा नहीं करूँगी।

एक दिन बुढ़िया नौकरानी के सामने अपना दुखड़ा रोते हुए वह बोली, 'बाबूजी मुझे एक जानवर के हाथ सौंप गए हैं।'

'कैसे बेटी?'

'कैसे बताऊँ? तुम सबों ने मेरे हाथ-पाँव बाँधकर मुझे कुएँ में क्यों नहीं डाल दिया?'

'कैसी बातें करती हो बेटी?'

'ठीक ही तो कहती हूँ? तुम लोग जिस काम को इतनी आसानी से कर गईं क्या उसे मैं एक बार मुँह से भी नहीं कह सकती?'

'नहीं, नहीं, ऐसी बात नहीं है। वे बहुत अच्छे हैं लेकिन कुछ सनक जरूर है। बाप में भी थोड़ा-थोड़ा था इसीलिए तो कुँवर जी भी—'

'तू चुप रह! पागल की बात मुँह से मत निकाल। बाप के पागल होने पर क्या बेटा का भी वैसा होना जरूरी है। वे पागल कतई नहीं हैं, महज मुझे सताने के लिए ऐसा कर रहे हैं।'

पति पागल है, इस बात को स्वीकार करते हुए कमला के हृदय पर आघात लगा। आज तीन दिन से काशीनाथ का पता नहीं था। दो दिनों तक तो कमला ने उसकी कोई खोज-खबर न ली, लेकिन तीसरे दिन उसने घबराकर दरबान से कहला भेजा—'बाबूजी का दो दिनों से कोई पता नहीं, तुम लोगों ने कोई खोज-खबर नहीं ली, आखिर किसलिए हो तुम लोग?'

पति पागल है, इस बात को स्वीकार करते हुए कमला के हृदय पर आघात लगा। आज तीन दिन से काशीनाथ का पता नहीं था। दो दिनों तक तो कमला ने उसकी कोई खोज-खबर न ली, लेकिन तीसरे दिन उसने घबराकर दरबान से कहला भेजा—'बाबूजी का दो दिनों से कोई पता नहीं, तुम लोगों ने कोई खोज-खबर नहीं ली, आखिर किसलिए हो तुम लोग?'

दरबान सोचने लगा, यह भी खूब रही। कौन कहाँ आया, गया, यह भी भला कोई खबर रखने की बात है। बाद में खजांची से मालूम हुआ कि कुँवरजी तीन हजार रुपए लेकर कहीं बाहर गए हुए हैं। किधर गए हैं, कब तक लौटेंगे, यह किसी से नहीं कह गए हैं।

कमला सिर पर हाथ धरे कुछ सोचती रही, फिर अपने पिता के वकील को बुलाकर बोली, 'मुझे जमींदारी सँभालने के लिए एक योग्य आदमी की तलाश है, जो सब काम सँभाल सके, तनख्वाह जो कुछ भी हो, मैं दूँगी।'

आठ

दिनभर वर्षा में भीगकर काशीनाथ कीचड़ पार करता हुआ शाम को कलकत्ता की एक सँकरी गली के एक मंजिले मकान में पहुँचा। उसके पास दो शीशी दवा, एक डिब्बा बिस्कुट तथा चद्दर में अनार आदि कुछ फल बँधे हुए थे।

मकान के एक कमरे में खाट पर एक रोगी पड़ा हुआ था। सिरहाने एक औरत उसके माथे पर हाथ फेर रही थी। काशीनाथ के पहुँचते ही वह बोली, 'काशी भैया, इतने पानी में भीगते क्यों आए? रास्ते में कहीं रुक गए होते?'

'कैसे रुकता बहन? पानी में भीगने से उतना नुकसान नहीं हुआ जितना कहीं रुक जाने से होता।'

बिंदु ने विचार किया, बात ठीक ही थी, इसीलिए वह चुप हो रही। जानती थी। हम लोगों ने उसे मायके में ही देखा था, उसके बाद नहीं। अब उसके बारे में जान लेना चाहिए। जिस दिन कमला को देखने की तैयारी करके भी जा नहीं पाई थी, उसी के दूसरे दिन अपने ससुर गोपाल बाबू की गहरी बीमारी की सूचना पाकर वह ससुराल चली आई थी। उसने ससुराल पहुँचकर देखा, उसके ससुर सचमुच ही बहुत बीमार थे। काफी दवा-दारू की गई लेकिन गोपाल बाबू को बचाया न जा सका। बीमारी काफी बढ़ जाने पर गोपाल बाबू बोले, 'छोटी बहू को जरा बुला दो, एक बार देखूँगा उसे।'

बिंदु ने विचार किया, बात ठीक ही थी, इसीलिए वह चुप हो रही। जानती थी। हम लोगों ने उसे मायके में ही देखा था, उसके बाद नहीं। अब उसके बारे में जान लेना चाहिए। जिस दिन कमला को देखने की तैयारी करके भी जा नहीं पाई थी, उसी के दूसरे दिन अपने ससुर गोपाल बाबू की गहरी बीमारी की सूचना पाकर वह ससुराल चली आई थी।

छोटी बहू और कोई नहीं बिंदुवासिनी ही थी। मरने के दो-एक दिन

पहले गोपाल बाबू ने बिंदु से कहा था, 'बेटी, यह लो चाभी। बक्स में जो कुछ भी है तुम्हारा है।'

बिंदु ने हाथ फैलाकर उसे ले लिया। दूसरों की बहुओं ने यह समझा कि बुड्ढा मरते समय सबकुछ छोटी बहू को ही दे गया है। एक बात और थी। बीमारी की हालत में ही गोपाल बाबू ने अपने चारों लड़कों को बुलाकर समझाया था, 'देखो, तुम भाइयों में जरा भी मेल नहीं है और तुम्हारी माँ भी तुम लोग के बीच नहीं है, इसलिए मेरे मरने के बाद तुम लोग एक गृहस्थी में मत रहना। इसके पहले तुम लोग आपस में झगड़ा-फसाद करो तो जो कुछ भी मेल-मुरौवत बाकी है वह भी जाती रहेगी। अच्छा यही होगा कि तुम लोग उसी को ले-देकर अलग हो जाओ। जो कुछ मैं दिए जा रहा हूँ, उसके अलावा थोड़ा-बहुत कमाते रहने से तुम लोगों का आसानी से गुजारा हो जाएगा।'

पिता के मरने के बाद चारों भाई अलग हो गए। बिंदु ने जब एक दिन बक्सा खोला तो उसे उसमें एक 'रामायण' तथा एक 'महाभारत' के सिवाय और कुछ नहीं मिला। निराश होने पर भी उसने स्वर्गीय ससुर का वह दान सिर-माथे लगा लिया। अस्पष्ट शब्दों में उसने कहा कि यह उसके ससुर का स्नेह दान है यही हमारे लिए सबसे बड़ा रतन है।

पिता के मरने के बाद चारों भाई अलग हो गए। बिंदु ने जब एक दिन बक्सा खोला तो उसे उसमें एक 'रामायण' तथा एक 'महाभारत' के सिवाय और कुछ नहीं मिला। निराश होने पर भी उसने स्वर्गीय ससुर का वह दान सिर-माथे लगा लिया। अस्पष्ट शब्दों में उसने कहा कि यह उसके ससुर का स्नेह दान है यही हमारे लिए सबसे बड़ा रतन है।

बिंदु के कुछ दिन तो मजे में बीते, उसके बाद मुसीबतों का ताँता शुरू हुआ। उसके पति योगेश बाबू अचानक बीमार पड़ गए। अपने शरीर की

चिंता न करते हुए उसने तन-मन से पति की सेवा-टहल की। जमीन रेहन रखकर इलाज का प्रबंध कराया लेकिन कुछ फायदा नहीं हुआ। गाँव के कुछ पड़ोसियों ने राय दी कि कलकत्ते में इलाज कराना चाहिए। बिंदु अपने सारे जेवर बेचकर पति को कलकत्ते लिवा ले गई। यहाँ भी उसका काफी इलाज कराया और जो थोड़ी सी जमीन बाकी बची थी, वह भी रेहन रख दी गई। मगर मर्ज बढ़ता ही गया। रुपयों के अभाव में समुचित इलाज न हो पाया, बाधा पड़ गई। बिंदु ने अपने बड़े जेठ को अपनी मुश्किलें बताते हुए पत्र लिखा पर कोई परिणाम न निकला, उन्होंने पत्र का कोई उत्तर नहीं दिया। फिर उसने दोनों छोटे जेठों को लिखा, पर उन्होंने भी अपने बड़े भाई का अनुकरण किया, चुप्पी लगा गए। बिंदु ने समझ लिया कि अब या तो उपवास करने पड़ेंगे या जहर खाकर मरना पड़ेगा।

पत्नी का चेहरा देखकर ही योगेश बाबू ताड़ गए। एक दिन बड़े प्यार से उसे अपने पास बिठाकर स्नेह से उसका हाथ पकड़ते हुए बोले, 'बिंदु, मुझे गाँव ले चलो, मरना ही है तो वहीं क्यों न मरें? यहाँ मरने पर तो उठाने वाला भी कोई नहीं है।'

पत्नी का चेहरा देखकर ही योगेश बाबू ताड़ गए। एक दिन बड़े प्यार से उसे अपने पास बिठाकर स्नेह से उसका हाथ पकड़ते हुए बोले, 'बिंदु, मुझे गाँव ले चलो, मरना ही है तो वहीं क्यों न मरें? यहाँ मरने पर तो उठाने वाला भी कोई नहीं है।'

बिंदु ने सोचा शायद वक्त करीब आ गया है, कोई अन्य उपाय भी नहीं है अब, पति को गाँव ले चलने का भी कोई उपाय नहीं। पति को ऐसी हालात में छोड़कर वह मर भी तो नहीं सकती थी। मरना ही है तो फिर शरम-लाज की क्या बात? बहुत सोच-विचार के बाद उसने लोक-लाज को तिलांजलि देते हुए काशीनाथ को चिट्ठी भेजते हुए सबकुछ बता दिया। बाद की घटना से तो आप सभी परिचित हैं।

आते समय काशीनाथ अपने साथ काफी रुपया लेता आया था। उसने शहर के मशहूर डॉक्टरों की राय ली। सभी ने कहा कि आबोहवा बदले बिना आराम नहीं होगा। काशीनाथ सबको लेकर वैद्यनाथ पहुँचा। वहाँ दो महीने रहकर उसने देखा तो सबने यही समझा कि योगेशबाबू खतरे से बाहर हो गए हैं। फिर भी वहाँ से लौटने में अभी काफी देर थी, इसलिए उन्हें वहीं छोड़कर काशीनाथ घर वापस लौट आया।

आते समय काशीनाथ अपने साथ काफी रुपया लेता आया था। उसने शहर के मशहूर डॉक्टरों की राय ली। सभी ने कहा कि आबोहवा बदले बिना आराम नहीं होगा। काशीनाथ सबको लेकर वैद्यनाथ पहुँचा। वहाँ दो महीने रहकर उसने देखा तो सबने यही समझा कि योगेशबाबू खतरे से बाहर हो गए हैं। फिर भी वहाँ से लौटने में अभी काफी देर थी, इसलिए उन्हें वहीं छोड़कर काशीनाथ घर वापस लौट आया।

कमला से सुबह भेंट होने पर उसने पूछा, 'कब आए?'

'रात को' संक्षिप्त उत्तर दिया काशीनाथ ने।

कमला चली गई अपने काम से। काशीनाथ बाहर आया और कचहरी में पहुँचा। काफी दिनों बाद अचानक कुँवर साहब को देखकर तमाम कर्मचारी अदब से उठ खड़े हुए। केवल एक साहबी पोशाकधारी युवक अपने काम में व्यस्त कुरसी पर बैठा रहा। एक आगंतुम को देखकर उसके कर्मचारियों ने उसे जो मान दिया, नए बाबू कुछ समझ नहीं पाए। काशीनाथ ने अपने हाथ से एक आराम कुरसी खींची और बैठ गए। यह नया मैनेजर था विजय किशोरदास। कलकत्ते से बी.ए. पास किया है और बहुत ही पटु आदमी है, इसीलिए वकील विनोद बाबू ने उसे मैनेजर के पद पर नियुक्त किया है। नए मैनेजर ने काफी देर बाद काशीनाथ से पूछा, 'आप किसी काम से आए हैं?'

'नहीं, काम तो कुछ भी नहीं है, सिर्फ कामकाज देखने आया हूँ।'

दीवान ने बीच में हस्तक्षेप करते हुए कहा, 'आप हमारे जमाई साहब हैं।'

विजयबाबू ने कुरसी से उठते हुए प्रेम-संभाषण शुरू कर दिया। तभी एक नौकर ने आकर विजयबाबू से कहा, 'आपकी मालकिन बुला रही हैं।'

विजयबाबू के चले जाने पर काशीनाथ ने विस्मित होकर दीवान साहब से पूछा, 'कौन साहब हैं ये?'

'नए मैनेजर।'

'किसने नियुक्त किया है?'

'बिटिया रानी ने।'

'किसलिए?'

'शायद कामकाज में बाधा पड़ रही थी, इसलिए।'

'अभी कहाँ गए हैं?'

'अंदर, कोठी में।'

काशीनाथ ने आगे कुछ पूछना उचित नहीं समझा। चुपचाप उठकर भीतर चला गया। कमरे में पहुँचकर उसने देखा कि परदे के सामने विजयबाबू खड़े हैं और परदे के पीछे कोई मृदु स्वर में बातें कर रहा है। किसकी बात हो रही है यह समझते काशीनाथ को देर न लगी। लेकिन बिना कुछ कहे-सुने और देखे वह आगे बढ़ गया।

काशीनाथ ने आगे कुछ पूछना उचित नहीं समझा। चुपचाप उठकर भीतर चला गया। कमरे में पहुँचकर उसने देखा कि परदे के सामने विजयबाबू खड़े हैं और परदे के पीछे कोई मृदु स्वर में बातें कर रहा है। किसकी बात हो रही है यह समझते काशीनाथ को देर न लगी। लेकिन बिना कुछ कहे-सुने और देखे वह आगे बढ़ गया।

दोपहर को कमला से उसकी फिर मुलाकात हुई। कमला ने गंभीर होकर पूछा, 'तबीयत तो ठीक है?' काशीनाथ ने हामी भरते हुए गरदन हिलाकर जवाब दिया, 'हाँ, ठीक है।'

कमला फिर कुछ बोली नहीं, चुपचाप चली गई। उसे गपशप करने का अब अवकाश ही कहाँ, हजारों काम पड़े हैं, विशेषकर जमींदारी का बोझ सर पर आ पड़ने पर उसे अब सर उठाने की फुरसत नहीं। एक दिन सवेरे काशीनाथ ने नए मैनेजर साहब को बुलवा भेजा। नौकर के मार्फत मैनेजर ने कहला भेजा, 'अभी फुरसत नहीं है, काम खत्म होने पर आ जाऊँगा।' उसके इस जवाब को सुनकर काशीनाथ स्वयं कचहरी पहुँचे और एकांत में बुलाकर उनसे कहा, 'आपको फुरसत नहीं थी, इसलिए खुद ही चला आया। मुझे पाँच सौ रुपए आज ही चाहिए, फुरसत मिलते ही भिजवाने की व्यवस्था कीजिएगा।'

'किसलिए चाहिए?'

'यह जानने की आवश्यकता नहीं।'

'मानता हूँ जरूरत नहीं, लेकिन मालकिन की आज्ञा के बिना कैसे दे सकता हूँ?'

काशीनाथ ने सोचा कि बात का रुख कुछ और ही हो गया है। वह बोला, 'मेरा कहना ही काफी होगा। दूसरी आज्ञा की जरूरत नहीं समझता मैं?' विजयबाबू ने शब्दों में दृढता लाते हुए कहा, 'जरूरत है। जिस-तिस को रुपए देने की मनाही है।'

काशीनाथ ने सोचा कि बात का रुख कुछ और ही हो गया है। वह बोला, 'मेरा कहना ही काफी होगा। दूसरी आज्ञा की जरूरत नहीं समझता मैं?'

विजयबाबू ने शब्दों में दृढता लाते हुए कहा, 'जरूरत है। जिस-तिस को रुपए देने की मनाही है।'

काशीनाथ चला आया। कमला से उसने कहा, 'तुम नए आदमी को अलग कर दो।'

'किसको?'

'अपने नए मैनेजर को?'

'क्यों, उसका क्या कसूर है?'

'मेरे साथ उसका व्यवहार अच्छा नहीं है।'

'क्या किया है उसने?'

'मैंने उसे अपने पास बुलवाया था पर खुद न आकर उसने नौकर से कहला भेजा था, मुझे छुट्टी नहीं, जब फुरसत होगी तब आऊँगा।'

कमला ने हँसते हुए कहा, 'हो सकता है उसे फुरसत न रही हो। ऐसी स्थिति में कैसे मिलने आता?'

काशीनाथ ने पत्नी की ओर देखते हुए कहा, 'माना कि काम में व्यस्त के कारण नहीं आ सका, लेकिन जब मैंने खुद जाकर रुपए माँगे तो उसने यह क्यों कहा कि मालकिन की आज्ञा के बिना नहीं दे सकता?'

कमला ने पूर्ववत् मुसकराते हुए कहा, 'कितने रुपए माँगे थे?'

'यही पाँच सौ।'

'नहीं दिए?'

'नहीं। क्या तुमने मना कर दिया है?'

'हाँ, इस तरह रुपए बरबाद करना मैं पसंद नहीं करती।'

काशीनाथ ने पत्नी की ओर देखते हुए कहा, 'माना कि काम में व्यस्त के कारण नहीं आ सका, लेकिन जब मैंने खुद जाकर रुपए माँगे तो उसने यह क्यों कहा कि मालकिन की आज्ञा के बिना नहीं दे सकता?' कमला ने पूर्ववत् मुसकराते हुए कहा, 'कितने रुपए माँगे थे?'

काशीनाथ को, पाषाण का काशीनाथ होते हुए भी, मर्मांतक पीड़ा पहुँची। इस प्रकार का व्यवहार उसके साथ पहले कभी नहीं हुआ था। अत्यंत दुखी होकर उसने कहा, 'मुझे रुपए देना क्या उड़ा देना है?'

'कुछ भी हो, बरबाद करने का नाम ही उड़ा देना है।'

'आवश्यकता पड़ने पर खर्च करने का नाम बरबाद करना नहीं।'

'आखिर जरूरत क्या है?'

'किसी को देना है।'

'देना तो है पर मिलेंगे कहाँ से? तुम्हारे पास हों तो दे दो—मैं मना नहीं करती।'

काशीनाथ सन्न रह गया। ये शब्द तीर की भाँति उसके कानों में चुभने लगे। बाहर आकर उसने अपनी घड़ी, अँगूठी बेच दी और रुपए वैद्यनाथ रवाना कर दिए और साथ ही एक चिट्ठी लिख दी—'अब मुझसे कुछ माँगना मत, बहन। मेरे पास अब कुछ भी नहीं है।'

काशीनाथ सन्न रह गया। ये शब्द तीर की भाँति उसके कानों में चुभने लगे। बाहर आकर उसने अपनी घड़ी, अँगूठी बेच दी और रुपए वैद्यनाथ रवाना कर दिए और साथ ही एक चिट्ठी लिख दी—'अब मुझसे कुछ माँगना मत, बहन। मेरे पास अब कुछ भी नहीं है।'

उस दिन के बाद से काशीनाथ भीतर नहीं गया, कमला ने कुछ पूछा भी नहीं। इसी प्रकार कई दिन बीत गए। एक दिन नौकर ने आकर उससे कहा, 'आपसे एक ब्राह्मण मिलना चाहते हैं।'

दूसरे ही क्षण काशीनाथ ने ताज्जुब के साथ देखा, एक बुड्ढा ब्राह्मण हाथ में जनेऊ लिए उसके सामने खड़ा है और कुछ देर चुप रहने के बाद बोला, 'आप महान् व्यक्ति हैं, ब्राह्मण का सर्वस्व मत छीनिए।'

काशीनाथ ने डरते-डरते पूछा, 'क्या बात है?'

ब्राह्मण बोला, 'भगवान् का दिया आपके पास सबकुछ है, पर मेरे पास उस छोटी सी जमीन के सिवा कुछ भी नहीं है, उसे आप मुझसे मत छुड़वाइए।' कहने के साथ ही वह रोने लगा।

व्यग्र होकर काशीनाथ ने उस ब्राह्मण का हाथ पकड़कर अपने पास बिठाते हुए कहा, 'पूरा किस्सा साफ-साफ बतलाओ।' ब्राह्मण ने गिड़गिड़ाते हुए कहा, 'आप धर्मात्मा हैं, कसम खाकर कहिए कि क्षेत्रपाल वाली भूमि मेरी नहीं है?'

'किसने कहा है कि आपकी नहीं है?'

'तो आखिर आपके नए मैनेजर विजयबाबू ने मेरे विरुद्ध मुकदमा क्यों दायर किया है?'

'मुकदमा! मुझे तो कुछ भी नहीं मालूम?'

सम्मन दिखलाता हुआ बूढ़ा ब्राह्मण बोला, 'जब मुकदमा दायर किया ही गया है तो मैं भी लड़ूँगा और आपको अपना साथ बनवाऊँगा। मैं गरीब सही, आपके साथ लड़ना मुझे शोभा नहीं देता फिर भी भिखारी होने पर भी बिना उज्र के मैं अपनी जमीन छोड़ने को तैयार नहीं।'

सम्मन दिखलाता हुआ बूढ़ा ब्राह्मण बोला, 'जब मुकदमा दायर किया ही गया है तो मैं भी लड़ूँगा और आपको अपना साथ बनवाऊँगा। मैं गरीब सही, आपके साथ लड़ना मुझे शोभा नहीं देता फिर भी भिखारी होने पर भी बिना उज्र के मैं अपनी जमीन छोड़ने को तैयार नहीं।'

ब्राह्मण को क्रुद्ध होकर जाते देख काशीनाथ ने हाथ पकड़कर उसे बिठलाते हुए कहा, 'मैं आपकी भलाई के लिए हर संभव कोशिश करूँगा, फिर आपकी आगे जैसे मरजी हो कीजिएगा।'

ब्राह्मण के चले जाने पर काशीनाथ ने विजय बाबू को बुलवाकर कहा, 'वह जमीन तो अपनी नहीं है! आखिर उस ब्राह्मण को क्यों सताया जा रहा है?'

'मालिक का आदेश है।'

काशीनाथ क्रुद्ध होकर बोला, 'मालिक ने किसी दूसरे की वस्तु हड़प लेना सिखलाया है क्या?'

'वह हमीं लोगों की है।'

'मैं नहीं मानता, वह हमारी नहीं।'

कुछ देर के लिए विजय बाबू चुप हो गए फिर बोले, 'मुझे क्या, मैं तो नौकर हूँ। जैसी आज्ञा मिलेगी, वैसा ही तो करूँगा।'

कमला ने इस विषय पर बात करने में काशीनाथ को शर्म लग रही थी, फिर भी उसने दृढतापूर्वक कहा, 'यह जमीन अपनी नहीं है, ब्राह्मण का ब्रह्म-स्वत्व मत छीनो।'

'छीन रही हूँ, किससे कहा आपसे?'

'किसी ने भी कहा हो, वह जमीन तुम्हारी अपनी नहीं है। विजय बाबू से कह दो कि वे झूठा मुकदमा उस निर्दोष पर न चलाएँ।'

कमला ने अप्रसन्न होकर कहा, 'यह विजय बाबू का दृष्टिकोण है। वे अपने काम को अच्छी तरह समझते हैं। मैं समझती हूँ तुम्हें उनके कामों में हस्तक्षेप नहीं करना चाहिए।'

कचहरी के कठघरे में खड़े होकर काशीनाथ ने कहा, 'मैं अपने मृत ससुर प्रियनाथ बाबू के समय से ही जमींदारी की देखभाल करता आ रहा हूँ। उसके बाद भी काफी दिनों तक मैंने जमींदारी का कामकाज सँभाला है। मुझे अच्छी तरह से मालूम है कि यह जमीन कमला देवी की नहीं है।'

कई दिन बाद मुकदमे की पेशी हुई। कचहरी के कठघरे में खड़े होकर काशीनाथ ने कहा, 'मैं अपने मृत ससुर प्रियनाथ बाबू के समय से ही जमींदारी की देखभाल करता आ रहा हूँ। उसके बाद भी काफी दिनों तक मैंने जमींदारी का कामकाज सँभाला है। मुझे अच्छी तरह से मालूम है कि यह जमीन कमला देवी की नहीं है।'

मुकदमा हारकर मुँह लटकाए विजय बाबू घर लौट आए। विपक्षी भी काशीनाथ को आशीर्वाद देता हुआ घर चला गया।

नौ

परदे के सामने खड़े विजय बाबू ने मुकदमे की बातें विस्तार से बतलाते हुए उसमें अपनी ओर से टीका-टिप्पणी करते हुए बतलाया, 'सिर्फ कुँवर साहब के कारण हम लोग मुकदमा हार गए।' इस बात को सुनकर

परदे के भीतर का कमल दस गुना होकर फूलने लगा। काफी देर बाद कमला ने भीतर से ही कहा, 'आप अंदर आइए, कुछ जरूरी बातें करनी हैं।' आदेश पाकर विजय बाबू अंदर दाखिल हुए। काफी देर तक दोनों में धीमे-धीमे बातें होती रहीं। कुछ देर बाद विजय बाबू उठकर बाहर आए।

आज काफी दिनों बाद भोजन के समय कमला काशीनाथ के करीब आकर बैठ गई। उसकी पहले जैसी उग्र आकृति नहीं थी, बल्कि वह पूर्ण शांत तथा गंभीर थी। कुछ क्षणों की चुप्पी तोड़ते हुए कमला ने कहा, 'घर के भेदी विभीषण के कारण सोने की लंका भस्म हो गई थी, इसे जानते हो न?' खाना खाते हुए काशीनाथ ने कहा, 'हाँ जानता हूँ।'

कमला ने ताना देते हुए कहा, 'जानोगे क्यों नहीं, वह भी तो दूसरों के अन्न पर ही पला था।'

काशीनाथ कुछ बोला नहीं।

कुछ देर तक चुप रहने के बाद कमला फिर बोली, 'इसी से सोचती हूँ कि जो हमेशा दूसरों की रोटियों पर इतना बड़ा हुआ है, अब भी जिसे दूसरों की रोटियाँ खाए बिना लाँघने की स्थिति आ सकती है उसे सच बोलने की आकांक्षा क्यों है और इतना बड़ा गुमान किस बूते पर है?'

कुछ देर तक चुप रहने के बाद कमला फिर बोली, 'इसी से सोचती हूँ कि जो हमेशा दूसरों की रोटियों पर इतना बड़ा हुआ है, अब भी जिसे दूसरों की रोटियाँ खाए बिना लाँघने की स्थिति आ सकती है उसे सच बोलने की आकांक्षा क्यों है और इतना बड़ा गुमान किस बूते पर है?'

काशीनाथ बिना प्रतिवाद के एक के बाद दूसरा ग्रास मुँह में खाता रहा।

ताना देती हुई कमला बोली, 'कसाई भी जिसका खाता है उसकी गरदन पर छुरी चलाने में हिचकता है।'

'कमला!'

'जो अपनी स्त्री के अन्न पर जीवित है, उसके लिए इतना तेज शोभा

नहीं देता। दिन-ब-दिन जैसा तुम्हार व्यवहार होता जा रहा है, उस बात पर यदि आँखों का लिहाज न होता···।'

काशीनाथ ने हँसकर कहा, 'तो शायद घर से बाहर निकाल देती। यही कहना चाहती हो न!'

'हाँ, ऐसा ही करती।'

आधी खायी थाली को एक ओर हटाते हुए काशीनाथ ने कमला की ओर गौर से देखते हुए कहा, 'कमला, मैं तुम पर कभी गुस्सा नहीं हुआ था, कभी तुम्हें कड़ी बात नहीं कही, लेकिन आज मुझे जो कुछ भी कह रही हो शायद किसी ने मुझसे न कहा होगा। आज से मैं तुम्हारी रोटी नहीं खाऊँगा। शायद मेरे ऐसा करने से तुम्हें सुख पहुँच सके।' कहने के साथ ही काशीनाथ उठ खड़ा हुआ। कमला भी गर्व से उठ खड़ी हुई और कहने लगी, 'अगर सत्यवादी हो तो अपनी प्रतिज्ञा मत भूलना।'

'नहीं भूलूँगा, लेकिन तुमने जो बातें कही हैं एक दिन वे ही तुम्हारी दुश्मन बन जाएँगी। मैंने तो अपनी ओर से तुम्हें माफ कर दिया, लेकिन क्या भगवान् तुम्हें माफ करेगा?' कमला और भी भुन उठी और बोली, 'तुम्हारे श्राप से मेरा कुछ भी नहीं बनता-बिगड़ता।'

'नहीं भूलूँगा, लेकिन तुमने जो बातें कही हैं एक दिन वे ही तुम्हारी दुश्मन बन जाएँगी। मैंने तो अपनी ओर से तुम्हें माफ कर दिया, लेकिन क्या भगवान् तुम्हें माफ करेगा?'

कमला और भी भुन उठी और बोली, 'तुम्हारे श्राप से मेरा कुछ भी नहीं बनता-बिगड़ता।'

'ऐसा ही हो। भगवान् जानता है मैंने तुम्हें श्राप नहीं दिया है, बल्कि आशीर्वाद देता हूँ कि तुम सुमति रखती हुई खुश रहो।'

बाहर आकर काशीनाथ ने व्याकरण, साहित्य, दर्शन, स्मृति एक-एक कर सभी कुछ फाड़कर फेंक दिया। नौकरों को अपना सबकुछ बाँट दिया।

कमला जाग रही थी, लेकिन चुपचाप पड़ी रही। किवाड़ खुले थे, उन्हें ढकेलता हुआ काशीनाथ भीतर पहुँचा। कमरे में पहुँचकर उसने देखा, कमला आँखें मीचे हुए पलंग पर पड़ी है। करीब बैठकर उसके माथे पर हाथ फेरते हुए उसने फिर पुकारा, 'कमला!' लेकिन कोई उत्तर नहीं। अंत में उसने चुपचाप बाहर निकलते हुए कहा, 'जाते समय तुम्हें आशीर्वाद दिए जाता हूँ।'

कमला जाग रही थी, लेकिन चुपचाप पड़ी रही। किवाड़ खुले थे, उन्हें ढकेलता हुआ काशीनाथ भीतर पहुँचा। कमरे में पहुँचकर उसने देखा, कमला आँखें मीचे हुए पलंग पर पड़ी है। करीब बैठकर उसके माथे पर हाथ फेरते हुए उसने फिर पुकारा, 'कमला!' लेकिन कोई उत्तर नहीं। अंत में उसने चुपचाप बाहर निकलते हुए कहा, 'जाते समय तुम्हें आशीर्वाद दिए जाता हूँ।'

काशीनाथ के चले जाने पर कमला बिस्तर पर से उठी और खिड़की पर आ बैठी। सुबह होते देख वह बिस्तर पर पुन: आकर लेट गई। नींद खुलने पर उसने देखा, दिन काफी चढ़ आया है और घर में शोरगुल शुरू हो गया है। अभी वह जाग भी नहीं पाई थी कि तभी एक नौकरानी दौड़ी-दौड़ी आई और कहने लगी, 'बड़ा अनर्थ हुआ जीजी, किसी ने कुँवरजी का खून कर डाला!'

भरी कड़ाही खौलता तेल पड़ने पर जिस तरह कोई छटपटा उठता है, कमला भी उसी तरह छटपटाती हुई उतरकर आई और बोली, 'क्या कहा, खून कर डाला?'

नौकरानी बोली, 'हाँ, बिल्कुल।'

वस्त्रहीन दशा में जब कमला बाहर वाले कमरे में पहुँची तो देखा काशीनाथ का चेतनाहीन निर्जीव शरीर खून से लथपथ सोफे पर पड़ा हुआ है, तमाम शरीर पर धूल और खून जम गई थी। नाक, मुँह और कान से

निकलता हुआ खून जहाँ-की-तहाँ सूख गया था। कमला यकायक चीख उठी और बेहोश होकर गिर पड़ी।

गाँव भर में तेजी से खबर फैल गई कि जमींदार के जमाई अँधेरी रात में कहीं अकेले जा रहे थे कि तभी किसी ने उनका खून कर डाला।

दो दिन बाद होश वापस लौटने पर पुलिस के दरोगा ने पूछा, 'बाबू, किसने आपकी यह दशा बना दी है?'

काशीनाथ ने ऊपर की ओर संकेत करते हुए कहा, 'उन्होंने।'

वृद्ध नायब भी वहीं खड़े थे, उनकी आँखों से आँसू गिरने लगे। दरोगा ने फिर पूछा, 'क्या आप पहचान नहीं सके उन लोगों को?'

काशीनाथ ने टूटे शब्दों में कहा, 'पहचानता हूँ।'

दरोगा ने पुनः पूछा, 'कौन थे वे लोग?'

काशीनाथ ने ऊपर की ओर संकेत करते हुए कहा, 'उन्होंने।' वृद्ध नायब भी वहीं खड़े थे, उनकी आँखों से आँसू गिरने लगे। दरोगा ने फिर पूछा, 'क्या आप पहचान नहीं सके उन लोगों को?' काशीनाथ ने टूटे शब्दों में कहा, 'पहचानता हूँ।' दरोगा ने पुनः पूछा, 'कौन थे वे लोग?'

काशीनाथ ने सहमते हुए कहा, 'मैं गलत कह गया। उन लोगों को नहीं पहचानता।'

दरोगा ने और भी जानने की कोशिश की। दो-चार बार पूछा भी किंतु परिणाम कुछ भी नहीं निकला। काशीनाथ ने आगे कुछ बतलाया ही नहीं। दूसरे दिन उसने नायब को बुलाकर कहा, 'बैद्यनाथ में मेरी बहन बिंदुवासिनी है, मैं उसे देखना चाहता हूँ। एक बार, आप किसी को भेजकर बुलवाइए उसे।'

तीन दिन बाद बिंदुवासिनी और योगेश बाबू आ गए। बिंदु जरा कड़े हृदय की औरत थी, कमला की तरह नहीं, इसलिए काशीनाथ की दशा

देखकर न तो चिल्लाई और न बेहोश ही हुई। आँखों के आँसू पोंछकर केवल भर्राए कंठ से बोली, 'काशी भैया, किसने तुम्हारी यह दशा बना दी?'

सभी ने सोच लिया था कि इतनी गंभीर चोट खाकर काशीनाथ का बचना असंभव है। मौत भी धीरे-धीरे नजदीक आने लगी। काफी रात बीते बुखार के वेग में तड़पता हुआ वह चिल्लाया, 'कमला, यह काम तुमने तो नहीं कराया?'

'मैं क्या जानूँ?'

'किसी पर शक होता है?'

'इसे न पूछो, बहन।'

बिंदु खामोशी से काशीनाथ के चेहरे की ओर देखती रही।

सभी ने सोच लिया था कि इतनी गंभीर चोट खाकर काशीनाथ का बचना असंभव है। मौत भी धीरे-धीरे नजदीक आने लगी। काफी रात बीते बुखार के वेग में तड़पता हुआ वह चिल्लाया, 'कमला, यह काम तुमने तो नहीं कराया?'

बिंदु ने काशीनाथ के करीब मुँह ले जाकर पूछा, 'यह क्या कह रहे हो, भैया?'

काशीनाथ ने बिंदु को कमला समझकर उसके गले में बाँहें डालते हुए कहा, 'मैं मरकर भी सुखी नहीं हो सकता, तुम एक बार केवल यह कह दो कि यह काम तुम्हारे द्वारा नहीं हुआ।'

दस

होश में बेहोशी, नींद से घिरी अवस्था, कमला के दो-तीन दिन यूँ ही बीत गए। डॉक्टरों को उसके बारे में आशंका हो उठी थी। इसी कारण लोग उसे सावधानी से घेरे हुए बैठे थे। लगातार दो दिन की अनवरत कोशिश और सेवा-टहल के बाद उसे होश आया तो उसे बिठाया गया।

आँखें खोलने पर कमला ने देखा कि एक अपरिचिता उसका सिर

अपनी गोद में लिए बैठी है, वह बिल्कुल अपरिचित थी उसके लिए। उसने उससे पूछा, 'तुम कौन हो?'

उस अपरिचिता ने कहा, 'मैं बिंदु हूँ, तुम्हारे पति की बहन।'

काफी देर तक कमला खामोश सी उसके चेहरे की ओर देखती रही, उसके बाद इशारे से कमरे में बैठे हुए लोगों को बाहर चले जाने को कहा, फिर धीमे से बोली, 'मैं कब से इस तरह बेहोश पड़ी हूँ, ननद जी?'

बिंदु बोली, 'परसों सुबह तुम बेहोश होकर गिर पड़ी थीं, भाभी, तबसे तुम्हें होश नहीं आया।'

'परसों!' चौंककर कमला बोली, उसके बाद चुपचाप सिर झुकाए बैठी रही। उसके शरीर में कोई हरकत न पाकर उसने घबराकर उसका दाहिना हाथ अपने हाथ में लेते हुए पुकारा, 'भाभी!'

बिंदु ताड़ गई कि वह अंदर-ही-अंदर अपने को होश में रखने की भरपूर कोशिश कर रही है। इसीलिए वह धीरज रखकर खामोश बैठी रही। इस प्रकार कुछ देर और बीतने पर कमला उससे बातें करने लगी। बोली, 'मुझे लेकर तुम दो दिनों से यूँ ही बैठी हो, ननदजी, आखिर किसलिए तुम मेरी सेवा कर रही हो? मैं स्वयं किसी की इतनी सेवा नहीं कर सकती।'

कमला मुँह नीचा किए बैठी रही, कुछ उत्तर नहीं दिया उसने। फिर बोली, 'डरो मत ननदजी, अब नहीं बेहोश होऊँगी?'

बिंदु ताड़ गई कि वह अंदर-ही-अंदर अपने को होश में रखने की भरपूर कोशिश कर रही है। इसीलिए वह धीरज रखकर खामोश बैठी रही। इस प्रकार कुछ देर और बीतने पर कमला उससे बातें करने लगी। बोली, 'मुझे लेकर तुम दो दिनों से यूँ ही बैठी हो, ननदजी, आखिर किसलिए तुम मेरी सेवा कर रही हो? मैं स्वयं किसी की इतनी सेवा नहीं कर सकती।'

बिंदु ने उसकी बातों को ठीक से समझा नहीं, बोली 'क्यों सेवा न

करूँ क्या, भाभी तुम कोई पराई हो क्या? हम लोगों की जान-पहचान नहीं थी, फिर भी भैया की भाँति तुम भी तो मेरी अपनी हो। उनकी तरह तुम्हारी सेवा करना भी तो मेरा फर्ज है। भाभी, तुम नहीं जानतीं, लेकिन जबसे यहाँ आई हूँ तबसे मेरे ये दिन कैसे बीते हैं, इसे तो भगवान् ही जानता है। एक बार भैया के कमरे में एक बार तुम्हारे—जब भैया के पास होती तो तुम्हारे लिए जी छटपटाता और जब तुम्हारे पास होती तो भैया के लिए। ऐसी थी स्थिति। आज शाम से भैया की तबीयत सँभली है, उन्हें आराम से सोते देख तुम्हारे पास कुछ देर के लिए चैन से बैठ सकी हूँ। इस मुसीबत से भैया बच जाएँगे, किसी को इस बात की उम्मीद थोड़े ही थी, भाभी।'

बिंदु ने गरदन हिलाते हुए कहा, 'हाँ, बचते क्यों न? डॉक्टर ने बताया है अब खतरे की कोई बात नहीं, बुखार काफी उतर गया है।' कमला का चेहरा अचानक पलभर को चमका फिर मुर्दे की भाँति मुरझा गया है। सिर से पैर तक उसका सारा शरीर काँप उठा, और दूसरे ही क्षण वह मूर्च्छित होकर बिंदु की गोद में लुढ़क पड़ी।

कमला तुरंत पूछ बैठी, 'क्या बच गए हैं?'

बिंदु ने गरदन हिलाते हुए कहा, 'हाँ, बचते क्यों न? डॉक्टर ने बताया है अब खतरे की कोई बात नहीं, बुखार काफी उतर गया है।'

कमला का चेहरा अचानक पलभर को चमका फिर मुर्दे की भाँति मुरझा गया है। सिर से पैर तक उसका सारा शरीर काँप उठा, और दूसरे ही क्षण वह मूर्च्छित होकर बिंदु की गोद में लुढ़क पड़ी।

बिंदु ने कोई शोर नहीं किया, न ही किसी को बुलाया, बल्कि उसका सिर गोद में रखकर पंखा झलती रही। इस स्त्री में कितना स्वाभाविक धैर्य था, इसकी परीक्षा तो उसके पति की बीमारी में ही हो गई थी। मृत्यु उसके पति के सिरहाने आकर बैठ गई थी, फिर भी वह उसे हिला न पाई। आखिर

वह कमला के लिए क्यों विचलित होती! कुछ देर बाद होश में आने पर कमला ने देखा कि वह वहाँ है। इसके बाद पुनः बिंदु की गोद में औंधी पड़कर अपनी छाती मसोसकर रोने लगी।

वह करुण-क्रंदन इतना गाढ़ा और गहरा था कि बिंदु की गोद में ही सूखकर जम गया, उसकी एक हलकी सी तरंग भी किसी के कानों में नहीं पहुँची। बाहर सन्नाटा रात को अँधियारा गहरा होने लगा था और भीतर मद्धिम प्रकाश से आलोकित कमरे में बैठी तरुणियों में से एक अपने घायल हृदय की संपूर्ण ज्वाला को दूसरे की गंभीर-शांत गोद में उड़ेल रही थी।

वह करुण-क्रंदन इतना गाढ़ा और गहरा था कि बिंदु की गोद में ही सूखकर जम गया, उसकी एक हलकी सी तरंग भी किसी के कानों में नहीं पहुँची। बाहर सन्नाटा रात को अँधियारा गहरा होने लगा था और भीतर मद्धिम प्रकाश से आलोकित कमरे में बैठी तरुणियों में से एक अपने घायल हृदय की संपूर्ण ज्वाला को दूसरे की गंभीर-शांत गोद में उड़ेल रही थी।

अंत में शांत होकर कमला ने पति के विषय में अनेक बातें पूछीं, लेकिन उसने स्वयं जाकर उसे देख आने की इच्छा क्यों नहीं प्रकट की, काफी सोचने के बाद भी बिंदु कुछ निश्चय नहीं कर पाई। उसने एक बार यह भी समझने की चेष्टा की कि शायद बड़े लोगों के यहाँ ऐसी ही शिक्षा एवं संस्कार होते होंगे। सेवा-शुश्रूषा का भार नौकरों पर छोड़कर बाहर से ही खबर लेते रहने का नियम होगा शायद। अचानक कमला ने पूछा, 'अच्छा यह तो बताओ ननदजी, तुम्हारे भैया ने चेतना लौटने पर मेरे बारे में कुछ पूछा नहीं?'

'हाँ, पूछा था', संक्षिप्त उत्तर देकर बिंदु चुप रह गई। कमला ताड़ गई लेकिन कोई प्रश्न न करके वह व्याकुल नजरों से बिंदु के मुख की ओर निहारती रही।

कुछ देर चुप रहने के बाद बिंदु बोली, 'होश में आने पर भैया ने मुझे तुम जानकर, गले में बाँहें डाल दीं और चिल्लाकर पूछा, मैं मरकर भी सुखी नहीं हो सकता कमला, तुम एक बार केवल यह कह दो कि यह काम तुम्हारे द्वारा नहीं हुआ।'

कमला ने साँस रोके हुए कहा, 'फिर क्या कहा?'

बिंदु ने कहा, 'मैं नहीं जानती भाभी, किस काम के लिए पूछ रहे थे वे।'

'मुझे मालूम है, ननदजी, वे क्या जानना चाहते हैं।' यह कहती हुई कमला एकदम सीधी बैठ गई।

बिंदु ने कमला का हाथ पकड़ते हुए कहा, 'तुम भैया के कमरे में मत जाओ भाभी।'

'क्यों किसलिए न जाऊँ?'

'डॉक्टर ने मना किया है, तुम्हारे जाने से नुकसान हो सकता है।'

'मेरा नुकसान मुझसे अधिक डॉक्टर नहीं समझ पाएगा ननदजी, मैं जरूर जाऊँगी। नींद खुल जाने पर अगर वे कुछ जानना चाहें तो मुझे ही तो जवाब देना पड़ेगा।' कहने के साथ ही उसने भावावेश में बिंदु का हाथ पकड़ लिया और करुण स्वर में बोली, 'मैं जीवन भर सिर नहीं उठा सकती। मुझे एक बार उनके पास जाने दो।'

'मेरा नुकसान मुझसे अधिक डॉक्टर नहीं समझ पाएगा ननदजी, मैं जरूर जाऊँगी। नींद खुल जाने पर अगर वे कुछ जानना चाहें तो मुझे ही तो जवाब देना पड़ेगा।' कहने के साथ ही उसने भावावेश में बिंदु का हाथ पकड़ लिया और करुण स्वर में बोली, 'मैं जीवन भर सिर नहीं उठा सकती। मुझे एक बार उनके पास जाने दो।'

उसके बाद कमला मन-ही-मन सोचने लगी, भगवान्! यदि तुमने मेरी सुहाग चूड़ियों को बचा लिया है तो अब सच-झूठ का फैसला करके फिर से उन्हें मत छीन लेना प्रभु। दंड अभी खत्म ही कहाँ हुआ, वह ज्यों-का-त्यों है। सिर्फ इतना करो नाथ कि मैं तुम्हारा सारा कठोर दंड हँसती हुई

अपने सिर-माथे पर लूँ, केवल मेरा यह छोटा सा रास्ता मत बंद कर देना।

पति के कमरे में घुसते ही कमला उद्विग्न हो उठी। उपवास, कमजोर शरीर दो दिनों की कमजोरी न सँभाल पाने के कारण पति के चरणों पर गिर पड़ी।

काशीनाथ अभी जाग रहा था। उसे लगा कि कोई उसके पैरों के करीब बिस्तर पर आ गिरा है, लेकिन गरदन उठाकर देखने की शक्ति नहीं थी उसमें, अतः उसने लेटे-ही-लेटे पूछा, 'कौन है, बिंदु?'

बिंदु बोली, 'नहीं भैया, भाभी हैं।'

'कमला, तुम किसलिए यहाँ आई हो?'

काशीनाथ यह सुनकर चुप हो गया। बिंदु ने पुनः खामोशी तोड़ते हुए कहा, 'मैंने आज रात इन्हें कमरे में आने को मना किया था। मैं जानती थी कि दो दिनों की बेहोशी के बाद जिसे होश आया हो वह अपने को काबू में नहीं कर सकती।'

सिरहाने बैठी बिंदु ने मुसकराते हुए कहा, 'अपने को सँभाल नहीं पाई बेचारी, अतः चक्कर खाकर गिर पड़ी भैया।'

काशीनाथ यह सुनकर चुप हो गया। बिंदु ने पुनः खामोशी तोड़ते हुए कहा, 'मैंने आज रात इन्हें कमरे में आने को मना किया था। मैं जानती थी कि दो दिनों की बेहोशी के बाद जिसे होश आया हो वह अपने को काबू में नहीं कर सकती।'

पति के दोनों पैरों के बीच मुँह छिपाए कमला निश्चेत सी पड़ी रही। उसके लगातार गिरते समय आँसुओं के स्पर्श को काशीनाथ स्वयं अपने ठंडे पाँवों में महसूस कर रहा था। उसने धीमी आवाज में कहा, 'यहाँ न आना ही अच्छा था इसके लिए, बहन।'

कमला से आँखें मिलने पर उसके नेत्र भर आए, आँसुओं को पोंछते हुए उसने कहा, 'अच्छा तो था भैया, लेकिन वैसा अच्छा कोई कर पाए तब न। तुम किसी तरह जल्दी अच्छे हो जाओ, बहू के ये दिन किस तरह से बीते

हैं इसे मैं जानती हूँ या ईश्वर जानता है। शायद वह खुद भी नहीं जानती।'

भगवान् का नाम सुनकर काशीनाथ ने नेत्र मूँद लिये और उसे ऐसा लगा कि संसार के समस्त नर-नारियों के अंतर्यामी प्रभु चिरकाल से उसके हृदय पर अधिष्ठित हैं। क्षण भर के लिए प्रभु के चरणों में उस प्रश्न को रखकर उत्तर की प्रतीक्षा करता रहा। कुछ देर बाद उसने आँखें खोलीं और बोला, 'मेरे प्राणों को अब कोई खतरा नहीं कमला, आओ उठो।'

बिंदु बोली, 'भैया, तुम मुझसे जो कुछ पूछ रहे थे भाभी उसी का उत्तर देने आई हैं।'

काशीनाथ ने मुसकराते हुए कहा, 'डॉक्टर कुछ भी कहे बहन, लेकिन अब डरने की कोई जरूरत नहीं। इस आसन्न संकट से तुम लोगों ने मुझे बचा लिया।'

काशीनाथ के शुष्क होंठों पर मुसकराहट की रेखा दौड़ गई। उसने सहज भाव से कह डाला, 'अब किसी को कुछ भी नहीं कहना पड़ेगा बिंदु। इनकी दो दिन की बेहोशी ही से जवाब मिल गया है। यह कहने के साथ ही बाएँ हाथ पर जोर देकर वह उठ बैठा। हाथ से कमला की ठुड्डी को ताकत से ऊपर उठाने की कोशिश करता हुआ बोला, 'कमला!'

कमला निरुत्तर रही, उसने भी जोरों से पैरों में मुँह छिपा लिया। उसकी आँखों से आँसुओं की अविरल धारा बहती रही।

बिंदु ने घबराते हुए कहा, 'तुम उठो मत भैया, डॉक्टर मना कर गए हैं और अगर—'

काशीनाथ ने मुसकराते हुए कहा, 'डॉक्टर कुछ भी कहे बहन, लेकिन अब डरने की कोई जरूरत नहीं। इस आसन्न संकट से तुम लोगों ने मुझे बचा लिया।'

कुछ क्षणों के बाद काशीनाथ कमला के बिखरे हुए बालों को अपनी उँगलियों में उलझा रहा कि तभी थककर लेट गया।

□

बोझ

एक

विवाह

सागरपुर में खूब धूमधाम है। नगाड़ों और नौबत की धूम से गाँव में जैसे गरमी आ गई है। हफ्ते भर से यहाँ जो ऊधम हो रहा है उससे आस पास के चार-पाँव कोस के सभी गाँव के लोग परिचित हैं। इस राजसूय यज्ञ में ढोल-नगाड़ों का मेला, नौबतवालों का प्रदर्शन और कांसे के बाजे वालों का ऐसा समां बँधा था कि गाँव वालों ने इसके पहले ऐसा जश्न कभी न देखा था। मनुष्य के आनंद कोलाहल में तरह-तरह के बाजेवालों ने जो वृद्धि कर दी है, और इससे जो हंगामा पैदा हो गया है उससे गाँव का पशु-समाज बहुत नाराज है, खासकर गाय और बछड़े। ढोल-नगाड़ों के भयानक शोर से उनकी मर्म-पीड़ा की सीमा नहीं रह गई। इस प्रकार के भयंकर समारोह का बहुत छोटा सा कारण था—चौदह साल के एक नाबालिग लड़के का विवाह! सागरपुर के दानी-मानी जमींदार श्रीमान् हरदेव मित्र के इकलौटे बेटे के विवाह के लिए ही यह धूमधाम है। हरदेव मित्र काफी बड़े आदमी हैं। उनकी आय भी पच्चीस-छब्बीस हजार रुपए सालाना की है। बेटे का नाम है श्रीमान् सत्येंद्र कुमार मित्र और वह हेयर साहब के स्कूल में मैट्रिक क्लास में पढ़ रहा है। इतनी कम उम्र में ही विवाह हो रहा है। इसका एकमात्र कारण है कि बेटे सत्येंद्र मित्र की माँ की हार्दिक इच्छा है

कि वे अपने एकमात्र बेटे की बहू का मुँह जितनी जल्दी हो सके देख लें।

और वर्दमान जिले के अंतर्गत दिलजानपुर के जमींदार श्रीयुत कामाख्या चरण चौधरी की बेटी, सरला के साथ श्रीमान् सत्येंद्र मित्र का विवाह हो गया।

छोटी सी, सुंदर, गोरी-गोरी बहू थी। सत्येंद्र बहुत ही प्रसन्न है।

सुंदर, छोटी सी दस साल की गुड़िया जैसी बहू का मुँह देखकर सत्येंद्र की माँ की चिर अभिलाषा पूरी हुई, वह बहुत प्रसन्न हुई। और ब्याह के दूसरे साल ही हरदेव बाबू बहू को विदा कराकर लिवा लाए। इतनी जल्दी का कारण था, सत्येंद्र की माँ की इच्छा थी कि बहू मायके न रहे। वे कभी-कभी कहती थीं—ब्याह के बाद बहू को मायके में नहीं ससुराल में रहना चाहिए। उनकी राय को बुरा भी नहीं कहा जा सकता।

सत्येंद्र की पढ़ाई की सुविधा के लिए हरदेव बाबू सपत्नीक कलकत्ता में ही रहते थे। सरला को भी कलकत्ता आना पड़ा। कम उमर की बहू थी सरला, अतः वह बिना शरमाए अपने ससुर हरदेव बाबू से बोलती भी थी। यही नहीं, सत्येंद्र की उपस्थिति में भी वह सास से बातचीत करती थी। सास-ससुर को इसमें आनंद ही मिलता। दुःख की बात भी क्या थी?

सत्येंद्र की पढ़ाई की सुविधा के लिए हरदेव बाबू सपत्नीक कलकत्ता में ही रहते थे। सरला को भी कलकत्ता आना पड़ा। कम उमर की बहू थी सरला, अतः वह बिना शरमाए अपने ससुर हरदेव बाबू से बोलती भी थी। यही नहीं, सत्येंद्र की उपस्थिति में भी वह सास से बातचीत करती थी। सास-ससुर को इसमें आनंद ही मिलता। दुःख की बात भी क्या थी?

थोड़े दिनों के बाद कामाख्या बाबू सरला को बुला ले गए। एक-दो महीना बीतने पर एक दिन गुस्सा होकर सत्येंद्र ने कहा—'किताबों पर कितनी गर्द जम गई है। दवात की स्याही भी सूख गई है। घर में कोई भी ऐसा नहीं कि इनकी चिंता करे, देखे-भाले!'

बात माँ की समझ में आ गई। उसने यह बात हरदेव बाबू के कानों तक पहुँचा दी और उन्होंने हँसकर कार्यवाही की कि बहू को विदा कर लाने के लिए आदमी भेज दिया। समधी के नाम एक चिट्ठी भी दी। लिखा था—'यहाँ घर में बड़ा झंझट, एक उपद्रव खड़ा हो गया है। बहू के आए बगैर वह शायद शांत न होगा। इसलिए फौरन ही बहू को विदा कर दीजिएगा।'

सरला को आना ही पड़ा। सत्येंद्र की देखरेख व छोटे-मोटे काम वही किया करती थी। किताबों को झाड़-पोंछकर ठीक-ठीक से रखती, कालेज जाने के कपड़े ठीक रखती। वह बहुत सतर्क रहती कि कहीं जल्दी में कमीज की दो बाँहों में दो तरह के बटन लग जाएँ, खाने में देर न हो जाए, दोनों पाँवों के जूते न बदल जाएँ। इन सब बातों की फिक्र सरला ही करती। सरला के न रहने पर यह सभी गड़बड़ियाँ हो जाती थीं। अत: सरला ही यह सब अपने ऊपर लादे रहती क्योंकि किसी और के किए काम सत्येंद्र को भाते भी न थे।

सरला को आना ही पड़ा। सत्येंद्र की देखरेख व छोटे-मोटे काम वही किया करती थी। किताबों को झाड़-पोंछकर ठीक-ठीक से रखती, कालेज जाने के कपड़े ठीक रखती। वह बहुत सतर्क रहती कि कहीं जल्दी में कमीज की दो बाँहों में दो तरह के बटन लग जाएँ, खाने में देर न हो जाए, दोनों पाँवों के जूते न बदल जाएँ।

दो

सरला का देहांत

सरला की बड़ी बहन है सुशीला। उसके बच्चे का अन्नप्राशन है। इसीलिए कामाख्या बाबू अपने नाती के अन्नप्राशन के उत्सव के लिए सरला को विदा कराने कलकत्ते आए हैं।

सुशीला ने सरला व सत्येंद्र के नाम निमंत्रण के साथ विशेष अनुरोध करके बुलाने का पत्र भी भेजा था। सरला इधर तीन साल से अपनी मायके गई भी नहीं थी। सत्येंद्र भी जाने को राजी हो गया और बहुत प्रसन्नतापूर्वक कामाख्या बाबू बेटी-दामाद के साथ वापस हुए।

सरला की माँ इतने दिनों बाद बेटी व दामाद को देखकर बहुत ही खुश हुई। सुशीला ने भी आकर प्रसन्नता के कारण दोनों को बहुत सी बातें कर प्रसन्न कर दिया।

अन्नप्राशन का शुभ कार्य बिना किसी बाधा के बीत जाने पर सत्येंद्र ने घर वापस आना चाहा। सास ने इस प्रस्ताव को किसी तरह न माना और कहा, 'इतने दिनों बाद तो आना हुआ है। कुछ दिन और ठहर लो तब जाना।'

सुनकर सत्येंद्र की खुशी का ठिकाना न रहा। सरला से उसने इतनी आशा न की थी। सरला बहुत रोई। रोते-रोते पति को विदा करते समय कहा, 'देखो मेरे बारे में चिंता मत करना। और हाँ, रात को बहुत देर तक जगकर पढ़कर बीमार मत हो जाना।'

सरला ने भी रोका, सत्येंद्र दो-चार दिनों के लिए और ठहर गया। फिर दो-चार दिन भी गुजर गए। फिर भी सरला ने जाने की अनुमति न दी। लेकिन बिना जाए काम भी कैसे चलता? पढ़ाई-लिखाई का काफी नुकसान होगा। इम्तहान भी पास ही है। चलते समय सरला ने प्रश्न किया, 'मुझे लिवाने कब आओगे?'

'जब भी आना चाहोगी।'

'तो दस-बारह दिन बाद ही लिवा ले चलना।'

सुनकर सत्येंद्र की खुशी का ठिकाना न रहा। सरला से उसने इतनी आशा न की थी। सरला बहुत रोई। रोते-रोते पति को विदा करते समय कहा, 'देखो मेरे बारे में चिंता मत करना। और हाँ, रात को बहुत देर तक जगकर पढ़कर बीमार मत हो जाना।'

रात को दस बजे से अधिक देर तक न पढ़ने की सरला ने अपने सिर की कसम दिलाई। और न जाने कैसा सूना-सूना सा मन लेकर सत्येंद्र कलकत्ता आया।

सत्येंद्र एक किताब खोले बैठा था। लेकिन मन में कोई दूसरा ही द्वंद्व मचा था। सत्येंद्र ने गिना तो पता लगा कि दिन भर में छब्बीस लाइनें पढ़ी हैं उसने। दुखी होकर सोचा कि ऐसे तो फेल होना निश्चित है। फिर दुःख का स्थान क्रोध ने ले लिया। उसे रह-रहकर सरला पर ही क्रोध आ रहा था। उसी के कारण यह सब है। कलकत्ता आए पाँच दिन हुए फिर भी पढ़ाई शुरू न हुई। पहले तो जब वह रहती थी तो उसकी मौजूदगी के कारण नहीं पढ़ सकता था। क्योंकि दस बजते ही वह बत्ती बुझा देती थी। सोचा था कि वह नहीं रहेगी तो अच्छी तरह पढ़ाई होगी, लेकिन यह तो उलटा ही हुआ। सोचा, कल ही लिवाने चला जाऊँगा। इसमें शर्म की क्या बात है? शर्म के लिए क्या फेल ही हो जाऊँ?

सत्येंद्र एक किताब खोले बैठा था। लेकिन मन में कोई दूसरा ही द्वंद्व मचा था। सत्येंद्र ने गिना तो पता लगा कि दिन भर में छब्बीस लाइनें पढ़ी हैं उसने। दुखी होकर सोचा कि ऐसे तो फेल होना निश्चित है। फिर दुःख का स्थान क्रोध ने ले लिया।

सत्येंद्र उसे बुलाने का कोई-न-कोई बहाना सोच रहा था। सोचता था कि कैसे कहा जाए। लज्जा की बात थी। उसे ताज्जुब था कि उसे इतना प्रेम कैसे हो गया दो दिनों में ही···

इसी समय नौकर ने एक तार लाकर दिया। सत्येंद्र को महान् आश्चर्य हुआ। उसे सोचने का समय ही न था कि तार कहाँ से आया। जल्दी से लिफाफा खोला और पढ़ते ही हृदय काँप गया। उसका सिर एकाएक चक्कर खाने लगा। सरला बीमार है।

लेकिन उसी दिन हरदेव बाबू सत्येंद्र के साथ दिलजानपुर के लिए रवाना हो गए।

कामाख्या बाबू मकान के बाहर ही मिले। इन्हें देखते ही हरदेव बाबू ने पूछा—'मेरी बहू की कैसी तबीयत है अब?'

हरदेव बाबू ने भीतर जाकर देखा। एक दिन में ही सरला की यह दशा कि देखकर पहचाना भी नहीं जाता। उसे विसूचिका रोग हो गया था। आँखें जैसे गड्ढे में धँस गई थीं। कमल की तरह खिले रहने वाले चेहरे पर जैसे स्याही पुत गई हो। अनुभवी हरदेव बाबू को समझते देर न लगी कि हालत अच्छी न थी। दुखी हो आँखें पोंछते हुए पुकारा, 'बेटी सरला!'

हरदेव बाबू ने भीतर जाकर देखा। एक दिन में ही सरला की यह दशा कि देखकर पहचाना भी नहीं जाता। उसे विसूचिका रोग हो गया था। आँखें जैसे गड्ढे में धँस गई थीं। कमल की तरह खिले रहने वाले चेहरे पर जैसे स्याही पुत गई हो। अनुभवी हरदेव बाबू को समझते देर न लगी कि हालत अच्छी न थी। दुखी हो आँखें पोंछते हुए पुकारा, 'बेटी सरला!'

सरला ने आवाज सुनते ही फौरन आँखें खोल दीं। अभी उसे पूरी तरह चेतना थी।

'कैसा जी है बेटी?'

'अच्छी तो हूँ।'

दोनों ही एक-दूसरे की बात समझ गए। जैसे उनमें आपसी समझौता हो। जब हम लोग वहाँ से हट गए तो सत्येंद्र सरला के पास आकर बैठा। घबड़ाहट और कष्ट के कारण उससे बोला न जाता था। सूखे हुए गले की भरभराई आवाज से उसने पुकारा—'सरला!'

गला चाहे सूखा हो या स्वर बैठा हो इससे भला क्या अंतर! आखिर है तो वही चिरपरिचित आवाज, वही प्यार की पुकार—सरला! क्या इस आवाज की पहचान में भी गलती हो सकती है? सरला ने आँखें खोलीं और देखा। पहले ही हरदेव बाबू को देखकर उसे विश्वास हो गया था कि सत्येंद्र भी जरूर आया होगा। सत्येंद्र को देखते ही जैसे वह सब कुछ भूल गई। उसकी पति से छेड़छाड़ व मजाक करने की बहुत आदत थी। उसने

तत्काल ही हँसकर पूछा, 'क्या लिवाने आए हो?'

सत्येंद्र का गला रुँध गया था। किसी तरह अब तक वह आँसुओं को रोके हुए था। सरला की दशा देखकर उसका धैर्य का बाँध टूट सा गया। जो कि सत्येंद्र जानता था कि इस समय रोना नहीं चाहिए लेकिन बेचारी आँखों को इतना ज्ञान कहाँ? एक के बाद एक, बूँद के बाद बूँद आँसू टपकने लगे। वे आज सरला के अंगों में समा जाना चाहते थे? उन्हें क्या पहले ऐसा योग मिला है? नहीं, कभी नहीं मिला। सत्येंद्र या सरला के लिए क्या वे इस मौके को छोड़ दें? और इसके पहले सरला ने भी कभी पति को रोते न देखा था। वह भी धधककर रो पड़ी। बहुत देर बाद आँखें पोंछकर बोली—'छिह-छिह रोते हो! मरदों को क्या रोना चाहिए?'

यह क्या? सरला तो ठीक ही समझी। चाहे भीतर की आग से जलकर वे सूखकर काँटा हो जाएँ पर एक भी बूँद बाहर न टपके! आँसू तो औरतों के हिस्से में हैं न। पुरुषों को उसे छूने का अधिकार नहीं है। मन के कष्ट से चाहे गल-जल जाओ पर रोने का अधिकार नहीं।

यह क्या? सरला तो ठीक ही समझी। चाहे भीतर की आग से जलकर वे सूखकर काँटा हो जाएँ पर एक भी बूँद बाहर न टपके! आँसू तो औरतों के हिस्से में हैं न। पुरुषों को उसे छूने का अधिकार नहीं है। मन के कष्ट से चाहे गल-जल जाओ पर रोने का अधिकार नहीं। रोओगे तो औरत हो जाओगे! यह व्यवस्था क्या तुम्हीं लोगों के लिए है? सरला ने सत्येंद्र का एक हाथ अपने हाथ में लेकर उसे दबाते हुए कहा, 'क्यों, तुम दूसरा जन्म होने की बात मानते हो?'

रोकर सत्येंद्र ने जवाब दिया, 'पहले की तो नहीं जानता लेकिन आज से पूरी तरह मानूँगा।'

सुनकर सरला के चेहरे पर हँसी की एक रेखा खिंच गई।

दवा का समय हो गया था। हरिदेव बाबू कामाख्या बाबू व डॉक्टर साहब, तीनों एक साथ कमरे में आए। डॉक्टर ने नाड़ी की जाँच करके कहा, 'आशा तो बहुत कम है। आगे भगवान् की मरजी।'

और भगवान् की मरजी से ही दूसरे दिन सवेरे ही सात बजे के लगभग सरला का देहांत हो गया।

विवश सत्येंद्र उसी शाम पिता के साथ कलकत्ता लौट गया।

तीन

दूसरा विवाह

क्या से क्या हो गया! कहाँ तो राज-शय्या पर सोकर इंद्र के सुख का थोड़ा-थोड़ा अनुभव होना शुरू हुआ था कि अचानक किसी ने झकझोरकर उठा दिया और सबकुछ मिट्टी में मिला दिया। आधी रात बीत गई है। नींद लगकर भी उचट गई, उठकर बैठ गया हूँ। अपनी जीवनसंगिनी की उसी खाट पर पड़ा हूँ। सोचता हूँ कि क्या करूँ? रोऊँ या हँसूँ? सुख के सागर में अनंत की ओर बहता जा रहा हूँ कि अचानक किसी ने जल में मुझे फँसा लिया है। जैसे जीवन का बहाव रुक गया है। सबकुछ उलट-पुलट गया है। जीवन के केंद्र को भी जैसे कोई खींचकर घेरे के बाहर ले गया है! कहीं कुछ नहीं सूझता! यह क्या हो गया? घोर काली रात में खिड़की के पास बैठा सत्येंद्रनाथ सागरपुर का अंधकार देख रहा है। पेड़-पौधे भी न जाने कैसे खामोशी के साथ जैसे सत्येंद्र से बातें कर रहे हैं।

क्या से क्या हो गया! कहाँ तो राज-शय्या पर सोकर इंद्र के सुख का थोड़ा-थोड़ा अनुभव होना शुरू हुआ था कि अचानक किसी ने झकझोरकर उठा दिया और सबकुछ मिट्टी में मिला दिया। आधी रात बीत गई है। नींद लगकर भी उचट गई, उठकर बैठ गया हूँ।

साँय-साँय करके हवा का एक झौंका निकल गया। जैसे कुछ कह गए हैं। जरूर कहा है, लेकिन वही एक ही बात। सभी बस एक ही बात कहती

हैं। सब ओर से बस एक ही आवाज आती है कि यह क्या हो गया। पपीहा भी अब पिया-पिया की टेर नहीं लगाता। ठीक उलटी बात कहता है—मर गई-मर गई। हमारे! यह पिड़कुलिया भी जैसे अपनी आवाज भूल गई है। 'बऊ बात कर' की जगह अब 'बऊ मर गई' की रट लगाए है। पता नहीं क्या बात है कि सभी दूसरी-दूसरी ही बोली बोल रहे हैं। और साँय-साँय करके यह हवा को जो झोंका बह रहा है वह भी ठीक यही बात कहता है—नहीं है, नहीं है, वह नहीं है।

जी का क्या हाल है सत्येंद्र? क्या सिर में दर्द ज्यादा है? अब तो बात पुरानी हो गई। अब सो जाओ न! क्या अब सदा इस खिड़की पर ही बैठा करोगे? सत्येंद्र अँधेरे में तारे खोज रहा था। सबसे मद्धिम तारे को वह और ध्यान से देखने लगा।

आँखें झपाने का मन नहीं होता। कहीं वह तारा गुम न हो जाए।

धीरे-धीरे, जाने कब थककर वह सो जाता। सवेरे नींद खुलने पर फिर उसी तारे को वह खोजने लगता। रोशनी से जैसे उसे नफरत हो गई हो, क्योंकि यह रोशनी ही उसके तारों को लुप्त कर देती है।

साँय-साँय करके हवा का एक झौंका निकल गया। जैसे कुछ कह गए हैं। जरूर कहा है, लेकिन वही एक ही बात। सभी बस एक ही बात कहती हैं। सब ओर से बस एक ही आवाज आती है कि यह क्या हो गया। पपीहा भी अब पिया-पिया की टेर नहीं लगाता। ठीक उलटी बात कहता है—मर गई-मर गई।

सत्येंद्र एम.ए. के इम्तहान में फेल हो गया। पास होने की जैसे इच्छा भी न थी। उत्साह का दीपक जैसे बिल्कुल बुझ गया हो। पास हो जाने से तारे क्या पास आ जाएँगे?

हरदेव बाबू सबको लेकर गाँव चले आए। सत्येंद्र की राय थी कि यहीं से पढ़ाई करके वह अच्छी तरह इम्तहान की तैयारी कर सकता है। शहर के तमाम शोर-शराबे में पढ़ाई नहीं होती, सत्येंद्र भी अब जैसे पहले से बदल

गया। उसका चेहरा देखकर लगता था जैसे जमाने से उसे खाने को ही नहीं मिला है। या जैसे किसी लंबी बीमारी से वह अभी उठा हो। क्षीणकाय, निर्बल, दुर्बल।

अकसर दोपहर को कमरे का दरवाजा बंद करके सत्येंद्र दीवाल पर टँगी तसवीरें झाड़ा-पोंछा करता, अपनी बिखरी किताबें सजाता, हारमोनियम का ढक्कन उतारकर साफ करता। सरला की साफ-सुथरी किताबों को भी झाड़ता-पोंछता। खूब अच्छे और रंगीन कागजों पर सरला को चिट्ठी लिखता और ऊटपटाँग पते लिखकर लिफाफों को एक बक्से में जमा करता जाता।

सत्येंद्र! तुम अकेले ही अभागे नहीं हो! न जाने तुम जैसे कितने ही अभागों की तकदीर तुम्हारी ही तरह कच्ची उम्र में ही जलकर खाक हो जाती है। लेकिन सभी तुम्हारी तरह पागल नहीं हो जाते। होशियार हो जाओ सत्येंद्र! हर चीज की एक सीमा होती है।

सत्येंद्र! तुम अकेले ही अभागे नहीं हो! न जाने तुम जैसे कितने ही अभागों की तकदीर तुम्हारी ही तरह कच्ची उम्र में ही जलकर खाक हो जाती है। लेकिन सभी तुम्हारी तरह पागल नहीं हो जाते। होशियार हो जाओ सत्येंद्र! हर चीज की एक सीमा होती है। स्वर्गीय प्रेम की भी एक सीमा निश्चित है। अगर सीमा को पार कर जाओगे तो कष्ट के भागी होगी। कोई किसी का नहीं होता।

सत्येंद्र की माता बड़ी होशियार हैं। एक दिन उन्होंने पति से कहा, 'देखते हो जी! हमारा सत्येंद्र कैसा होता जा रहा?'

'देखता तो हूँ। पर किया क्या जाए?'

'दूसरा विवाह कर दो, अच्छी सुंदर बहू आएगी तो हमारा सत्य फिर बोलने-चालने लगेगा। हँसने लगेगा।'

उसी दिन जब सत्येंद्र खाना खाने बैठा तो माँ ने बात चलाई, 'मेरी बात मान जा बेटा।'

'क्या?'

'तेरा मैं फिर से विवाह करूँगी।'

सत्येंद्र के चेहरे पर फीकी हँसी फैल गई। बोला, 'यह बात है! तो इसी उम्र में यह सब अब क्या होगा!'

माँ ने अपनी आँखों से पहले से ही आँसू जुटा रखे थे—आँसू लुढ़काकर उन्हें पोंछते हुए उसने कहा, 'अरे बेटा! इक्कीस की उम्र भी क्या कोई उम्र है। हाँ सरला की याद आने पर यह बात करने का जी जरूर नहीं चाहता लेकिन तेरी भी दशा अब मुझसे नहीं देखी जाती।'

माँ ने अपनी आँखों से पहले से ही आँसू जुटा रखे थे—आँसू लुढ़काकर उन्हें पोंछते हुए उसने कहा, 'अरे बेटा! इक्कीस की उम्र भी क्या कोई उम्र है। हाँ सरला की याद आने पर यह बात करने का जी जरूर नहीं चाहता लेकिन तेरी भी दशा अब मुझसे नहीं देखी जाती।'

दूसरे ही दिन हरदेव बाबू ने भी सत्येंद्र को बुलाया और यही बात कही। सत्येंद्र बोला नहीं, चुप हो रहा। हरदेव बाबू पुरानी कहावत के अनुसार समझ गए—मौन, सम्मति का ही लक्षण है।

सत्येंद्र अपने कमरे में आया और सरला की तसवीर के सामने खड़े होकर बोला, 'सुनती हो सरला! मेरा विवाह होगा!'

तसवीर बोलती नहीं। खामोश रही। बोलती भी तो क्या कहती? यही न कि 'अच्छी बात है।' और भला क्या कहती!

चार

नलिनी

सत्येंद्र का दूसरा विवाह कलकत्ते में हुआ। शुभ-दृष्टि की रस्म के समय सत्येंद्र ने देखा, लड़की का बहुत सुंदर चेहरा था!

पर होगा! सुंदर होने दो। सोचा सिर पर एक बोझ आ पड़ा है।

विवाह के बाद दो साल तक नलिनी ससुराल नहीं आई, नैहर में ही रही। ससुराल तीसरे वर्ष आई। चाँद-सी बहू का चेहरा देखकर सास ने

सरला को भुलाने की कोशिश की। घर-गृहस्थी एक बार फिर सँजोने की कोशिश की लेकिन रात को जब नलिनी सत्येंद्र आस-पास सोते तो दोनों ही एक-दूसरे से बातचीत भी न करते।

नलिनी सोचती—'आखिर इतनी उपेक्षा क्यों?'

सत्येंद्र सोचता—जाने यह कौन कहाँ की है जो मेरी सरला की जगह आकर सो जाया करती है।

नई बहू लज्जा के मारे पति से अपने से कैसे बोले!

नलिनी सोचती—'आखिर इतनी उपेक्षा क्यों?' सत्येंद्र सोचता—जाने यह कौन कहाँ की है जो मेरी सरला की जगह आकर सो जाया करती है। नई बहू लज्जा के मारे पति से अपने से कैसे बोले! सत्येंद्र प्रसन्न था कि नहीं बोलती सो ही अच्छा है।

सत्येंद्र प्रसन्न था कि नहीं बोलती सो ही अच्छा है।

एक रात अचानक सत्येंद्र की नींद खुल गई तो देखा बिछौना खाली पड़ा था। चारों ओर गौर से देखा तो खिड़की पर वह दिखी। खुली खिड़की से आती चाँदनी में उसके चेहरे का हिस्सा ही दिखता था जो बड़ा ही आकर्षक लगा। नींद की खुमारी में सत्येंद्र ने बार-बार देखा, चाँदनी की चमक में नलिनी बहुत सुंदर लग रही थी। सत्येंद्र ने कान भी लगाया। नलिनी रो रही थी।

सत्येंद्र ने पुकारा, 'नलिनी—'

नलिनी चौंक पड़ी! क्या पतिदेव के मुख से उसकी पुकार हुई है। नलिनी की जगह कोई और होती तो क्या करती सो तो नहीं जानता, पर वह चुपचाप पास आकर बैठ गई, धीरे से।

सत्येंद्र बोला, 'रोती क्यों हो? क्या रो रही हो?

आँसुओं के बहने का वेग दूना हो गया। नलिनी की सोलह वर्ष की उम्र में पति की यही प्यार की बातें हैं?

बहुत देर तक मुँह के भीतर-ही-भीतर रो चुकने पर आँखें पोंछकर

नलिनी ने धीरे से कहा, 'तुम्हें क्या मैं बिल्कुल नहीं सुहाती?'

पता नहीं क्यों, सत्येंद्र को भी भीतर से रुलाई आ रही थी पर अपने को रोककर उसने कहा, 'क्या कहा सुहाती नहीं? किसने कहा? मैं तुम्हारी खोज-खबर नहीं रख पाता।'

नलिनी चुप रही! न बोली न कुछ पूछा। सुनती रही।

कुछ देर शांति के बाद सत्येंद्र ने फिर कहा, 'सोचा था कि यह बात किसी से न कहूँगा, क्योंकि कहने से कोई भी लाभ नहीं। पर तुमसे छिपाऊँगा भी नहीं। सभी बातें साफ-साफ कह दूँगा तो तुम मेरी हालत को समझ सकोगी। मैं क्या करूँ, मैं अभी भी सरला को, अपनी पहली स्त्री को भूल नहीं सका हूँ। न तो इच्छा ही है, न लगता है कि कभी भी भूल सकूँगा। तुम एक अभागे से बाँध दी गई हो। ऐसा भी विश्वास नहीं है कि तुम्हें कभी सुखी कर सकूँगा। तुम्हें मालूम ही है कि मैंने अपनी मरजी ने तुमसे विवाह नहीं किया। फिर अपनी मरजी से तुमसे प्रेम भी कैसे करूँ!'

पता नहीं क्यों, सत्येंद्र को भी भीतर से रुलाई आ रही थी पर अपने को रोककर उसने कहा, 'क्या कहा सुहाती नहीं? किसने कहा? मैं तुम्हारी खोज-खबर नहीं रख पाता।' नलिनी चुप रही! न बोली न कुछ पूछा। सुनती रही।

गहरी रात के सन्नाटे में दोनों यों ही बड़ी देर तक बैठे रहे। सत्येंद्र समझ रहा था कि नलिनी रो रही थी। क्या वह भी रोया था? एक के बाद एक सरला की बातें उसे याद आती रहीं। एकाएक उसका वही दृश्य आँखों के सामने जाग गया। जब सरला ने पूछा था—'क्या लिवाने आए हो?' याद आ गया तो बिना बुलाए ही आँसुओं ने सत्येंद्र की दृष्टि धुँधली कर दी। फिर वे गालों पर बहकर नीचे गिरने लगे।

आँखें सुखाकर उपेंद्र ने नलिनी के दोनों हाथों को अपने हाथों में लेकर कहा, 'मत रोओ नलिनी। मेरा इसमें कितना हाथ है जानती हो। कोई नहीं समझता कि दिन-रात मैं अपने भीतर-ही-भीतर कैसी यातना सह रहा हूँ।

मेरा मन बड़ा ही दुखी है। अगर कभी यह दुःख दूर हो सका तो शायद मैं तुम्हें प्यार दे सकूँ और तभी तुम्हें जतन से रख सकूँ!'

इस प्रकार के विषाद-भरे स्नेह की बातों का अर्थ और मूल्य भला कितने लोग जान सकते हैं? नलिनी समझदार है। उसे पति की वेदना का अंदाज है। उसका पति उसे प्रेम नहीं करता, यह उसने पति के मुँह से ही सुना पर वह पति पर रूठ न सकी। उसने मान-अभिमान भी नहीं किया। बेवकूफ लड़की! अगर इस सोलह वर्ष की उम्र में भी नहीं रूठेगी, अभिमान नहीं करेगी तो भला फिर कब करेगी? लेकिन नलिनी सोचती थी—'रूठना, अभिमान दिखाना पहले है या पति पहले है?'

आँखें सुखाकर उपेंद्र ने नलिनी के दोनों हाथों को अपने हाथों में लेकर कहा, 'मत रोओ नलिनी। मेरा इसमें कितना हाथ है जानती हो। कोई नहीं समझता कि दिन-रात मैं अपने भीतर-ही-भीतर कैसी यातना सह रहा हूँ। मेरा मन बड़ा ही दुखी है। अगर कभी यह दुःख दूर हो सका तो शायद मैं तुम्हें प्यार दे सकूँ और तभी तुम्हें जतन से रख सकूँ!'

उस दिन के बाद से नलिनी की चिंता और परेशानी का एकमात्र विषय बन गया था कि पति का दुःख कैसे कम हो। वह क्या करे कि पति सौत की याद भुला सकें यह उसने एक बार भी नहीं सोचा। व्यथा में कोई व्यथा बाँट ले, कष्ट में कोई सहानुभूति करे, दुःख की बात भी कोई संवेदना, आग्रह व दिलचस्पी से सुने? तो उससे बढ़कर दुनिया में दूसरा साथी न होगा।

इसके बाद, सत्येंद्र कभी-कभी नलिनी को बीतें दिनों की बातें बताया करता था। अब तो कई-कई रातें उसी एक ही तरह की बातें सुनते-सुनाते बीतने लगीं। ऐसा नहीं कि केवल सत्येंद्र ही बातें करता, नलिनी भी पूर्ण आग्रह के साथ उन पूर्व प्रेम की बातों को खोद-खोदकर सुनती।

पाँच

दो साल बीत गए

दो साल बीत गए।

नलिनी की उम्र अब अठारह साल की थी। अब उसे पहले की तरह तीव्र कष्ट नहीं है। पति अब उसका अनादर नहीं करता। शायद उसने जबरदस्ती ही पति के फाट पर अधिकार कर लिया है। फिर जोर-जबरदस्ती करके जो कुछ लेना जानता है वह उसे सहेजकर रखना भी जानता है। अब उसे कोई कष्ट नहीं।

सत्येंद्र अब पबना का डिप्टी मजिस्ट्रेट है। पत्नी की कोशिशों से, पत्नी की सेवा से, एकाग्रचित्त के प्रेम से वह बिल्कुल बदल गया है। कचहरी के काम के बाद वह नलिनी के साथ बैठकर गपशप करता है, हँसी-मजाक करता है। कभी-कभी गाना-बजाना भी होता है। सब मिलाकर सत्येंद्र अब बहुत कुछ आदमी बन गया है। मनुष्य जो पा जाता है वही उसके लिए महान् प्रिय सामग्री बन जाता है। मनुष्य का ऐसा ही स्वभाव है। अगर वह अशांति में है तो शांति खोजता फिरता है और अगर वह शांति में रहता है तो जाने क्यों बरबस ही अशांति को अपने पास घसीट लाता है।

सत्येंद्र अब पबना का डिप्टी मजिस्ट्रेट है। पत्नी की कोशिशों से, पत्नी की सेवा से, एकाग्रचित्त के प्रेम से वह बिल्कुल बदल गया है। कचहरी के काम के बाद वह नलिनी के साथ बैठकर गपशप करता है, हँसी-मजाक करता है। कभी-कभी गाना-बजाना भी होता है।

छल को जानना, पकड़ना मानो आदमी का सहज स्वभाव है। जो मछली भाग जाती है, क्या वह खाक बड़ी होती है ? सत्येंद्र भी आखिर मनुष्य ही है। मनुष्य का स्वभाव तो नहीं बदलेगा न। इतने प्यार, इतनी कोशिश, इतनी शांति के जीवन के बीच में भी कभी-कभी अशांति की बिजली कौंध जाती है। एक क्षण के लिए बिजली जो हलचल

पैदा कर देती है उसे सँभालने में नलिनी को काफी मेहनत करनी पड़ती है। कभी-कभी तो हारने लगती है जैसे अब उसके सम्हाले न सम्हलेगा। इतनी मेहनत शायद बेकार हो जाएगी। नलिनी से चींटी बराबर भी कभी गलती हो जाती तो सत्येंद्र सोचता कि सरला होती तो शायद ऐसा न होता। होता या नहीं, सो तो ईश्वर जाने, शायद न होता या हो सकता है कि इससे चौगुना भी हो जाता। लेकिन इससे क्या होता है! मछली जो भाग गई है! सत्येंद्र अभी भी सरला को नहीं भुला सका है। किसी दिन कचहरी से आते ही अगर नलिनी उसे न दिखाई पड़ती तो वह फौरन सोचता—कहाँ यह, कहाँ वह!

नलिनी होशियार है। वह सदा पति के पास ही रहती है। क्योंकि उसे मालूम है कि उसके पति अभी उसकी सौत को नहीं भूल सके हैं। एकबारगी ही भूल जाएँ ऐसी भी इच्छा नलिनी की नहीं है। लेकिन बेकार ही याद कर-करके मन के दुःख को सँजोना भी ठीक नहीं, इसलिए वह भरसक ज्यादातर उनके पास ही रहने की कोशिश करती है। सरला को चाहे न भूले हों पर अब उसका तो अनादर नहीं करते। यही क्या कम है? नलिनी के लिए यही बहुत है।

पबना के ही एक प्रतिष्ठित वकील हैं—गोपीकांत राय। उनका भी एक मकान कलकत्ते में है—नलिनी के घर के पास ही। कोई पुराना रिश्ता है और इसीलिए नलिनी उन्हें काका कहकर पुकारती है और उनकी धर्मपत्नी को काकी। यह काकी कभी-कभी उसके यहाँ आती थी।

पबना के ही एक प्रतिष्ठित वकील हैं—गोपीकांत राय। उनका भी एक मकान कलकत्ते में है—नलिनी के घर के पास ही। कोई पुराना रिश्ता है और इसीलिए नलिनी उन्हें काका कहकर पुकारती है और उनकी धर्मपत्नी को काकी। यह काकी कभी-कभी उसके यहाँ आती थी। गोपीबाबू भी कभी-कभी समय निकालकर आते। गाँव के नाते के अपने इस चचिया ससुर को सत्येंद्र पूरा आदर देते। दोनों घरों में थोड़ी दूर रहने पर भी आपस में काफी हेलमेल बना था।

कभी-कभी नलिनी भी काकी के पास जाती। एक तो काकी का घर दूसरे उनकी लड़की हेमा से गहरी मित्रता। बचपन की सहेली ठहरी। कोई किसी को कैसे छोड़े? उस दिन बारह बजे थे। सत्येंद्र कचहरी गया था। कोई काम न था इसलिए नलिनी चित्र बनाने बैठी, तभी एक गाड़ी गड़गड़ाती हुई आकर दरवाजे पर रुकी।

'कौन, आया? हेमा ही होगी!' सोचने की जरूरत नहीं। बड़े शोर-शराबे के साथ हेमा आ पहुँची। आते ही हेमा ने एकाएक नलिनी के बाल पकड़ लिये और बोली—'अरे भाई, अब ज्यादा लिखने-पढ़ने की जरूरत नहीं है, उठो, उठा! हमारे घर चलो। कल भैया की बहू आई है न!'

नलिनी ने पूछा, 'बहू आई है तो साथ क्यों नहीं लेती आई!'

हेमा बोली, 'यह कैसे हो सकता था? अभी तो नई-नई आई है। एकाएक तेरे यहाँ ही कैसे आ जाए।'

नलिनी ने कहा, 'तो मैं भी क्यों जाऊँ?'

हेमा ने हँसकर कहा, 'अरे तू तो सिर के बल जाएगी। मैं अभी तुझे घसीट ले चलती हूँ।'

फिर जब बाल पकड़कर खींचा जाए और ले जाया जाए तो नलिनी ही क्या सभी चले जाएँगे। बहरहाल, नलिनी को भी जाना पड़ा।

कभी-कभी नलिनी भी काकी के पास जाती। एक तो काकी का घर दूसरे उनकी लड़की हेमा से गहरी मित्रता। बचपन की सहेली ठहरी। कोई किसी को कैसे छोड़े? उस दिन बारह बजे थे। सत्येंद्र कचहरी गया था।

जाने में नलिनी को खास आपत्ति थी, क्योंकि एक बार हेमा के यहाँ जाने पर लौटने में बड़ी देर हो जाती है। कई बार तो ऐसा भी हो गया था कि हेमा के यहाँ नलिनी गई और लौटी तब जब सत्येंद्रनाथ कचहरी से वापिस आ चुके थे। ऐसी स्थिति में जब घर पर नलिनी न रहती तो सत्येंद्र को बड़ी दिक्कत व परेशानी होती। यों परेशानी को वे ध्यान में लावें या नहीं पर नलिनी को बड़ी लज्जा व क्लेश होता; क्योंकि नलिनी को मालूम था कि

कचहरी से आकर उसके हाथों द्वारा पंखे की हवा खाए बिना पति की गरमी शांत नहीं होती। और इसे तो ईश्वर की ही मरजी कहेंगे न कि बहुत-बहुत प्रयत्न करने पर भी नलिनी सात बजे से पहले घर वापस न आ सकी। घर आकर उसने देखा कि सत्येंद्र अखबार लिये बैठे थे, अभी कुछ खाया-पीया भी नहीं। क्या किया जाता, खिलाने का प्रबंध नलिनी ने अपने ही हाथ में ले रखा था न! पास पहुँचने पर सत्येंद्र हँस पड़ा पर नलिनी को उसका यह हँसना अच्छा न लगा। वह मन-ही-मन भीतर से काँप गई। आसन बिछाया और नलिनी ने पति को जलपान कराने की कोशिश की लेकिन सत्येंद्र ने कुछ छुआ भी नहीं। उसे बिल्कुल ही भूख न थी। बहुत मान करने पर भी कुछ न खाया। नलिनी समझ गई कि पति क्यों इस प्रकार रूठे हैं।

छह

क्या किस्मत फूट गई?

आज हेमा की विदाई थी, ससुराल जाएगी। उसके पति उपेंद्र बाबू लिवाने आए हैं। इधर कई दिनों से नलिनी हेमा से मिल भी न सकी थी। इसलिए बहुत दुखी होकर हेमा ने उसे मिलने आने को कहलवाया है।

नलिनी ने प्रतिज्ञा की है कि वह बिना पति की आज्ञा के कहीं भी नहीं आए-जाएगी। अब अगर प्रतिज्ञा की रक्षा के लिए पति की इंतजारी करती है तो प्रिय सखी से भेंट न हो सकेगी। नलिनी बड़े झंझट में फँस गई। हेमा तीन बजे की गाड़ी से ही चली जाएगी। फिर पति तो इसके बाद ही आवेंगे, आज्ञा कैसे ली जाए? बहुत मानसिक वाद-विवाद के बाद नलिनी ने जाने का ही निश्चय किया। जाते समय दासी से कहा कि ठीक तीन बजे राय बाबू के यहाँ गाड़ी भिजवा दे। नौकरानी ने समय से गाड़ी भेज दी। लेकिन हेमा तीन बजे की गाड़ी से नहीं गई और इसीलिए उसने नलिनी को किसी भी तरह नहीं आने दिया। बहुत जिद करने पर भी हेमा ने उसे नहीं छोड़ा। हेमा बहुत दिनों के लिए ससुराल जा रही थी और अब न जाने कब भेंट हो, इसलिए अपनी प्यारी सहेली को इतनी आसानी से कैसे आने देती!

नलिनी वहाँ यह कहने में शरमाती थी कि वह इसलिए जल्दी जाना चाहती थी कि देर होने से पति नाखुश होंगे और फिर ऐसी बात सहज ही कोई कहे भी कैसे? इतनी हीनता खुद कैसे स्वीकार की जाए? फिर इस उमर में तो और भी असंभव है। अंत में विवश होकर यह बात भी हेमा से उसने कही पर हेमा इस पर विश्वास कैसे करती! उसने परिहास किया, 'मुझे चकमा मत दे, न बेवकूफ ही बना। नाराजी-वाराजी की बात मैं अच्छी तरह से समझती हूँ। उपेंद्र बाबू भी तो नाराज होना जानते हैं।'

उसकी बात तो हेमा ने हँसकर उड़ा दी पर नलिनी को बहुत तकलीफ हुई। वह कैसे कहती कि सबके पति एक ही ढाँचे में नहीं बने रहते। क्या सभी उपेंद्र बाबू की तरह ही होते हैं।

और जब नलिनी घर वापिस आई तो दस बज चुके थे। इतनी रात बाद जब आकर उसने पता लगाया तो जाना कि सत्येंद्र बाबू बाहर ही सो गए हैं।

मातंगिनी उर्फ मातो नलिनी के नैहर की नौकरानी है। वह नलिनी से बहुत स्नेह रखती है। इसी स्नेहवश उसने आज नाराज होकर नलिनी को दस-बीस बातें सुना भी दीं। घर भर में केवल उसी को यह बात मालूम थी। सत्येंद्र बाबू ने बहुत गुस्सा होकर ही बाहर के कमरे में बिस्तर लगाने को कहा था।

मातंगिनी उर्फ मातो नलिनी के नैहर की नौकरानी है। वह नलिनी से बहुत स्नेह रखती है। इसी स्नेहवश उसने आज नाराज होकर नलिनी को दस-बीस बातें सुना भी दीं। घर भर में केवल उसी को यह बात मालूम थी। सत्येंद्र बाबू ने बहुत गुस्सा होकर ही बाहर के कमरे में बिस्तर लगाने को कहा था।

और गंभीर होकर सन्नाती रात में जब अपने बिस्तर पर पड़ा सत्येंद्र आँखें मूँदे अपनी पूर्व स्मृतियों को याद करने का प्रयत्न कर रहा था और मन-ही-मन विचार कर रहा था कि इतने दिनों से भूला हुआ कमल की तरह खिला सरला का चेहरा और नलिनी का चेहरा कुछ मिलता है या नहीं,

और जबकि उसके मन में सरला के प्रेम के सामने नलिनी का प्रेम, सागर के सामने पोखरे का जल मात्र था, तभी बहुत धीरे से कमरे का दरवाजा खोलकर नलिनी कमरे में आई। सत्येंद्र ने आँखें खोलकर देखा कि नलिनी कमरे में आई। सत्येंद्र ने आँखें खोलकर देखा कि नलिनी ही थी। आकर नलिनी सत्येंद्र के पैताने बैठ गई। सत्येंद्र ने आँखें बंद कर लीं। इसी तरह सन्नाटे में काफी समय बीत गया तब सत्येंद्र नाराज हुआ, करवट बदलकर पुरुष के मान के अनुरूप स्वर में पूछा, 'तुम यहाँ कैसे ?'

उसकी बात तो हेमा ने हँसकर उड़ा दी पर नलिनी को बहुत तकलीफ हुई। वह कैसे कहती कि सबके पति एक ही ढाँचे में नहीं बने रहते। क्या सभी उपेंद्र बाबू की तरह ही होते हैं। और जब नलिनी घर वापिस आई तो दस बज चुके थे। इतनी रात बाद जब आकर उसने पता लगाया तो जाना कि सत्येंद्र बाबू बाहर ही सो गए हैं।

नलिनी रोने लगी। कुछ जवाब न दिया। अपराधी को रोते देखकर डिप्टी साहब का गुस्सा और बढ़ गया। और तेज आवाज में बोले, 'बहुत रात हो गई है। जाओ भीतर और जाकर सो जाओ।'

नलिनी रोती ही रही और आँसू पोंछकर धीरे से बोली, 'तुम भी चलो न वहीं सोने।'

सत्येंद्र ने सिर हिलाकर कहा, 'मुझे बहुत तेज नींद आ रही है। अब नहीं उठ सकता।'

रोने से सत्येंद्र का गुस्सा बढ़ता है नलिनी यह जानती थी इसलिए उसने आँसू पोंछ डाले। पति के सामने अब कभी न रोएगी। धीरे से पति के पाँवों पर हाथ रखकर कहा, 'सिर्फ इस बार मुझे क्षमा कर दो। यहाँ तुम्हें सोने में तकलीफ होगी। भीतर चले चलो।'

लेकिन सत्येंद्र ने जैसे प्रतिज्ञा कर ली थी कि अब वह भीतर नहीं जाएगा। उसने कहा, 'इतनी रात बीते अब तकलीफ की बात सोचने की बात बेकार है। तुम जाकर सोओ। मैं यहीं सोता हूँ।'

नलिनी सत्येंद्र को खूब अच्छी तरह जानती थी। विवश होकर वह लौट

आई और सारी रात रोते-रोते बिता दी। 'अब कहाँ मर गई हेमा, एक बार आकर देखती क्यों नहीं? नाराजी-वाराजी की बात अच्छी तरह समझती है न। अब मिटावे न इस झगड़े को?'

दूसरे दिन भी सत्येंद्र घर के भीतर नहीं गया न नलिनी के ही सामने आया।

नलिनी ने एक चिट्ठी लिखकर मातो के हाथ भिजवाई। सत्येंद्र ने उसे बिना पढ़े ही फाड़कर फेंक दिया और मातो को डाँटा भी, 'अब यह सब मत लाया करो, समझीं।'

इसी हफ्ते एक दिन अचानक नलिनी के बड़े भाई नरेंद्र बाबू पबना आए। अचानक भैया को आया देखकर नलिनी बहुत ही प्रसन्न हुई। लेकिन अचानक आने से आश्चर्यचकित भी काफी थी।

'कैसे भैया?'

नरेंद्र ने हँसकर नलिनी से कहा, 'घर चलने के लिए इतनी ज्यादा क्यों उतावली है बहन?'

'उतावली?'

इस बात के पीछे की बात नलिनी उसी समय समझ गई। उसने हँसकर कहा, 'तुम लोगों को बहुत दिनों से नहीं देखा था न।'

सात

हाँ, फूट गई

फिर उस दिन पति के चरणों में प्रणाम करके नलिनी अपने भाई के साथ जब गाड़ी में बैठकर चली गई तो उस रात भर सत्येंद्र एक मिनट को भी न सो सका। वह रात भर चिंता में डूबा ही रहा। सोचता रहा कि इतना न करने से भी काम तो चल ही सकता था। रह-रहकर वह पछता भी रहा था और कई बार उसके मन में आया भी, समय है कि अभी भी गाड़ी वापस मँगाई जा सकती है। पर हाय रे, पुरुष का अभिमान! उसी के कारण नलिनी को जाना भी पड़ा और वह वापस भी न आ सकी।

जाते समय मातो भी नलिनी के साथ ही गई। वह अकेली ही इस अचानक विदाई का कारण व अर्थ भी जानती थी। नलिनी ने मातो को खासतौर पर मना कर दिया था कि वह घर में किसी से भी इस बात का कतई जिक्र न करेगी। नलिनी समझती थी कि अगर किसी तरह भी यह बात खुल गई तो उसके पति की ही बदनामी होगी। वे अच्छे हों या बुरे हों! आखिर कोई और उसके पति की आलोचना या बुराई करनेवाला होता कैसे है ?

नैहर पहुँचकर नलिनी ने माँ व पिता को प्रणाम किया, छोटे भाई को गोद में उठाकर प्यार किया, सबकुछ किया, पर हँस न सकी।

माँ ने कहा, 'प्यारी बिटिया, नलिनी एक ही दिन की गाड़ी की यात्रा में थकान से सूख गई है।'

लेकिन वह मुरझाया व सूखा मुँह फिर प्रसन्न व हरा न हो सका।

संसार में अकसर ऐसा ही देखा गया है कि किसी मामूली सी बात के कारण ही भयानक बुराई की पैदाइश हो जाती है। शूर्पणखा के मामूली से चित्त चंचलता के कारण सोने की लंका भस्म हो गई। एक बहुत मामूली सी रूप लालसा ही तो ट्राय के नाश का कारण बनी। राजा हरिश्चंद्र भी तो एक बहुत मामूली ही कारण से तो विपत्ति में फँसे थे। संसार में ऐसे उदाहरण भरे पड़े हैं। यहाँ भी एक साधारण से अभिमान के कारण ही तो यह भयानक विपत्ति उपस्थित हो गई है। बेचारे सत्येंद्रनाथ को ही क्यों दोष दिया जाए ?

संसार में अकसर ऐसा ही देखा गया है कि किसी मामूली सी बात के कारण ही भयानक बुराई की पैदाइश हो जाती है। शूर्पणखा के मामूली से चित्त चंचलता के कारण सोने की लंका भस्म हो गई। एक बहुत मामूली सी रूप लालसा ही तो ट्राय के नाश का कारण बनी। राजा हरिश्चंद्र भी तो एक बहुत मामूली ही कारण से तो विपत्ति में फँसे थे।

नलिनी ने तो कभी भी अभिमान नहीं किया। पति के सुख-दुःख का ही खयाल करके वह सदा सब सहती रही। लेकिन अब उससे सहा न गया।

उसने सोचा कि अगर इस बहुत छोटे से कारण के लिए उसे पति ने त्याग दिया है तो वह मर ही क्यों नहीं जाती?

अभिमान की ज्वाला से नलिनी सूखने लगी। उधर सत्येंद्र का अभिमान भी ठंडा हो गया था। जिसके बिना एक मिनट भी काम नहीं चलता, उसके लिए यह झूठा अभिमान भी भला कितने दिन चलता? अभिमान महान् दुःख का कारण बन गया है। सत्येंद्र रोज बाट जोहता रहा, शायद आज नलिनी की चिट्ठी आए। शायद वह लिखे, 'आकर मुझे लिवा ले चलो।' सत्येंद्र सोचता कि इतनी भर चिट्ठी आ जाए फिर तो सिर पर बिठाकर लिवा लाऊँगा। फिर भविष्य में किसी प्रकार भी अनुचित व्यवहार न करूँगा। लेकिन भला होनी को कौन टाल सका है? जो बदा है वह तो होकर ही रहेगा। तुम और हम तो बहुत क्षुद्र प्राणी मात्र हैं।

जाते समय मातो भी नलिनी के साथ ही गई। वह अकेली ही इस अचानक विदाई का कारण व अर्थ भी जानती थी। नलिनी ने मातो को खासतौर पर मना कर दिया था कि वह घर में किसी से भी इस बात का कतई जिक्र न करेगी। नलिनी समझती थी कि अगर किसी तरह भी यह बात खुल गई तो उसके पति की ही बदनामी होगी।

और आजकल गिनते-गिनते छह महीना बीत गए। अभागिनी नलिनी ने कुछ भी न लिखा। एक भी चिट्ठी नहीं लिखी। सत्येंद्रनाथ का पापी मन टूट गया पर झुका नहीं। छह महीने किसी तरह कटे। पर अब एक-एक दिन सत्येंद्र को भारी हो रहे थे। जब मन की सहनशक्ति घटने लगती है तो अभिमान फिर ताजा होने लग जाता है। सत्येंद्र का अभिमान भी ताजा हो गया। फिर उसमें क्रोध भी जुड़ गया। हित-अहित का ज्ञान न रहने से सत्येंद्र को अपना दोष भी न दिखता था। उसने सोचा कि जब इतना अहंकार है तो उससे बदला भी वैसा ही लेने की जरूरत है।

किसी ने भी अपना दोष न देखा। कोई भी नहीं देखता। दोनों ही आधे मिले दिल फिर धीरे-धीरे दूर होते गए। यौवन के प्रारंभ में अर्द्ध विकसित

लता को किसने खींचकर बढ़ाया था? लेकिन अब सहा भी तो नहीं जाता! अब तो टूटने की स्थिति आ गई है।

सत्येंद्रनाथ! तुम्हें दोषी नहीं कहा जा सकता। उसे भी दोष नहीं दिया जा सकता। दोनों ने ही गलती की है। गलती ही की है इसे अपराध भी नहीं कह सकते। गलती किसकी है अगर यही भगवान् सिद्ध कर दे तो आत्मग्लानि किसे अधिक होगी। यह तो भगवान् ही जानता है। यह न हम समझते हैं और न तुम ही समझते हो। समझ में ही नहीं आता कि किस इच्छा, किस आकांक्षा, किस साध की पूर्ति के लिए तुम दोनों ने इतना कर डाला।

साध कभी नहीं मिटती। मिटाने की बात भी नहीं। क्या साध है, सो भी शायद कोई ठीक से नहीं समझता। किंतु फिर भी कातर हृदय न जाने किस अतृप्त आकांक्षा के लिए हर समय हाहाकार करता रहता है।

जो होनहार है वह तो होगा ही। इच्छा रखकर भी क्या, मन के साथ द्वंद्व युद्ध करके भी तुम्हें अपराध से क्या छुट्टी दे सकूँगा?

आठ

तीसरी सुहाग रात

इतनी रूपवती, इतनी गुणवती बहू है फिर भी लड़के को पसंद नहीं आ सकी! गृहणी के क्लेश व दुःख का क्या कहना! यह सोच-सोचकर एकदम उदास हो रही है कि ऐसी चाँद-सी बहू के आने पर भी घर-गृहस्थी न बस सकी। माँ के हजारों प्रयत्न करने पर भी बेटे का मन न बदला। लेकिन अब और उपाय ही क्या है? 'लड़के को ही अगर पसंद न आई तो बहू ही क्या है? लड़के के आदर से ही तो बहू का आदर है! और इसमें किसी का क्या दोष! अगर खुद देखभाल कर, पसंद करके, कहीं ब्याह कर ले तो क्या मैं उसे रोक सकती हूँ।' इसी प्रकार के वाक्यों का उच्चारण करते-करते अपने अभ्यास के अनुसार वे 'वरणडाला' सजाने फिर बैठ गईं।

हरदेव बाबू का देहांत दो साल पूर्व ही हो चुका है। उनकी याद आते ही आँखों में आँसू भर गए। फिर सरला की याद आई, फिर नलिनी की याद

आई। आँसुओं की धारा का वेग बढ़ गया। जाने कब कैसी बहू आवेगी! सत्येंद्र के पिता होते तो शायद अभागिनी को ऐसी हालत, ऐसे दिन न देखने पड़ते!

सत्येंद्र ब्याह करके आया है। माँ 'वरण' करके दोनों को घर में ले आई। जली आँखों में फिर पानी भर आया। उस पानी को सुखाने की कोशिश करते हुए उन्होंने कहा, 'आँखों में जाने क्या पड़ गया है कि बार-बार पानी आने लगता है।'

गिरीवाला बहुत ही मुँहफट लड़की है। जो चाहती है, बोल देती है। नलिनी के साथ उसका बहनापा था। वह कह ही तो बैठी, 'इतनी ही उमर में तीन-तीन बार तो हो चुका। अभी और भी कितनी बार जाने क्या-क्या देखना होगा।, कौन जानता है भला!'

बात के तो पर होते हैं। यह बात तो सत्येंद्र के कानों तक गई। कल ही तो सुहागरात है।

कहीं से बड़े ठाट-बाट व धूमधाम से एक भारी भरकम सौगात आई है। वर-वधू के लिए सौगात। ढाके की साड़ी, धोती, चादर और बहुत अच्छी-अच्छी चीजें भी साथ हैं। वधू के लिए जैसी बनारसी साड़ी आई है वैसी कीमती व सुंदर आज तक गाँव में कभी भी किसी ने न देखी थी। सभी को ताज्जुब था। सभी पूछते थे—'कहाँ से आई है यह सौगात?'

कहीं से बड़े ठाट-बाट व धूमधाम से एक भारी भरकम सौगात आई है। वर-वधू के लिए सौगात। ढाके की साड़ी, धोती, चादर और बहुत अच्छी-अच्छी चीजें भी साथ हैं। वधू के लिए जैसी बनारसी साड़ी आई है वैसी कीमती व सुंदर आज तक गाँव में कभी भी किसी ने न देखी थी। सभी को ताज्जुब था। सभी पूछते थे—'कहाँ से आई है यह सौगात?'

माँ बार-बार घूँट पीकर कहती, 'सत्येंद्र के किसी मित्र ने भेजी है।'

गृहिणी ने आँखों से आँसू भी दबाए, सच समाचार भी छिपाया और रोते दिन व हँसते मुँह से सौगात की मिठाई बँटवा दी।

सभी अपना-अपना हिस्सा लेकर चली गईं। जाते वक्त राजबाला से

बिना बोले नहीं रहा गया, 'अच्छी सौगात आई है।'

नृत्यकाली ने भी कहा, 'क्यों न हो? बड़े आदमियों के यहाँ से ऐसी ही सौगातें आती हैं।'

और धीरे-धीरे जब यह बात दब गई तो योगमाया बोल उठी, 'अच्छा, कोई बतावे कि फिर से ब्याह क्यों किया आखिर?'

ज्ञानदा ने कहा, 'क्या जानें बहन! कोई छिपी बात जरूर होगी। वरना वह पूरी रूप गुण से भरी बहू थी। क्या मालूम! कुछ समझ में नहीं आता!'

रासमणि, नाई की बेटी है। उसकी दशा अच्छी ही है। देखने-सुनने में भी बुरी नहीं, अच्छी ही है। हाँ, जरा नाक भर चपटी है। कोई-कोई जो जलते हैं उससे, वे तो आँखों में भी दोष बताते हैं, 'हाथी की आँखों से भी छोटी-छोटी आँखें हैं।'

रासमणि, नाई की बेटी है। उसकी दशा अच्छी ही है। देखने-सुनने में भी बुरी नहीं, अच्छी ही है। हाँ, जरा नाक भर चपटी है। कोई-कोई जो जलते हैं उससे, वे तो आँखों में भी दोष बताते हैं, 'हाथी की आँखों से भी छोटी-छोटी आँखें हैं।'

खैर, जाने दो इस निंदा की हमारी आदत नहीं। न इससे हमें कोई मतलब ही है। रासमणि ने जरा हँसकर कहा, 'तुम्हारे पास अगर थोड़ी सी बुद्धि होती तो ऐसी बातें कभी न करतीं! वह जो हर समय, हमेशा ठहक-ठहक के हँस-हँसकर बातें करती थी तभी हमें उन पर संदेह हो गया था।...अरे उसका स्वभाव और चरित्र दोनों अच्छा नहीं था रे! बिल्कुल अच्छा नहीं था! नहीं तो भला इस तरह क्यों कोई निकाल देता? और क्या फिर से, तीसरा ब्याह करते?'

मुँह से तो किसी ने उसकी बात पर कुछ न कहा पर बहुतों की राय उसकी राय से मिल गई।

और दूसरे दिन ही गाँव के हर निवासी ने जान लिया कि रासमणि ने जमींदारी के घर का गूढ़ और छिपा रहस्य जान लिया है। और क्यों न हो, नाई की बेटी में भी इतनी बुद्धि न होगी तो ब्राह्मण या कायस्थ की बेटी में

होगी ? बात को सबों ने स्वीकार किया।

अब गृहिणी की बारी आई। यही बात जब उनके कानों तक पहुँची तो अपने कमरे की किवाड़ बंद करके वह एकबारगी जमीन पर लोट-लोटकर रोने लगी। कौन कहता है कि मेरी नलिनी कुलटा है! वह ऐसी नहीं हो सकती! पता नहीं क्या बात है सरला के मुकाबले में माँ नलिनी को ही अधिक प्यार व स्नेह करने लगी थीं। वे जानती थीं कि जीवनभर के लिए ही नलिनी की तकदीर फूट गई है। माँ ने मन-ही-मन सोचा, कोशिश करूँगी। सत्येंद्र रखे तो अच्छा ही है नहीं तो मैं तो उसे लेकर काशीवास करूँगी। अभागिनी की इस जन्म की सभी साधों पर पानी फिर गया।

अब गृहिणी की बारी आई। यही बात जब उनके कानों तक पहुँची तो अपने कमरे की किवाड़ बंद करके वह एकबारगी जमीन पर लोट-लोटकर रोने लगी। कौन कहता है कि मेरी नलिनी कुलटा है! वह ऐसी नहीं हो सकती! पता नहीं क्या बात है सरला के मुकाबले में माँ नलिनी को ही अधिक प्यार व स्नेह करने लगी थीं।

तब फिर चुपचाप उन्होंने दरवाजा खोला और मातो को भीतर बुलाकर फिर दरवाजा बंद कर लिया।

यह मातो ही तो सौगात लाई थी न!

दोनों ही ने एक-दूसरे को देखकर खूब आँसू बहाए। आँसुओं का काफी विनिमय हुआ। किस तरह नलिनी का सोने का सा रंग काला पड़ गया है, किस अपराध के कारण सत्येंद्र ने उसे पाँवों से ठोकर मारी है, कितने कातर वाक्यों में उसने सास के चरणों में प्रणाम भेजा है, आदि विवरण मातो ने खूब अच्छी तरह आँसू बहाते और पोंछते हुए धीरे-धीरे कह सुनाया। यह सब सुनकर गृहिणी का पहले वाला स्नेह सौगुना बढ़ गया और पुत्र पर क्रोध व संताप पैदा हो गया। माँ के मन में भी दारुण अभिमान पैदा हो गया। क्या मैं सत्येंद्र की कोई नहीं हूँ ? क्या वह मेरी सभी बातें यों ही ठुकरा देगा ? क्या मैं उसके लिए उपेक्षा योग्य हूँ। मेरी क्या कोई भी बात न चलेगी ? मैं फिर से नलिनी को घर ले आऊँगी ? मेरी

घर की लक्ष्मी की यह दुर्दशा करनी चाहिए?

और उसी दिन दुखी माँ ने बेटे को बुलाकर कहा, 'नलिनी को जाकर लिवा लाओ।'

पुत्र ने सिर हिलाकर कहा, 'नहीं।'

माँ रो पड़ी। बोली, 'तुझे क्या हुआ है रे? मेरी बहू, नलिनी के नाम पर गाँव भर में कीचड़ उछल रहा है, कलंक बरस रहा है। आखिर तू ही उसका पति है न! क्या इस बात की भी मर्यादा न रखेगा?'

'कैसा कलंक? कैसा कीचड़?'

'इस तरह से निकाल देना और इस तरह से ब्याह कर लेना, भला मैं किस-किस का मुँह बंद कर सकूँगी?'

'किसी का मुँह बंद करके क्या होगा?'

'तो भी क्या लाएगा नहीं?'

'नहीं!'

माँ बहुत अधिक नाराज हो गईं। वह पहले से ही हर प्रकार से तैयार होकर आई थीं कि कैसे गुस्सा होगी, कैसे बातें करना होगा। लिहाजा अधिक कुछ भी सोचना न पड़ा। तैयार थी हीं, बोलीं, 'तो कल ही मुझे काशी भिजवा दो। मैं भी फिर यहाँ एक पल भी नहीं रह सकती।'

माँ बहुत अधिक नाराज हो गईं। वह पहले से ही हर प्रकार से तैयार होकर आई थीं कि कैसे गुस्सा होगी, कैसे बातें करना होगा। लिहाजा अधिक कुछ भी सोचना न पड़ा। तैयार थी हीं, बोलीं, 'तो कल ही मुझे काशी भिजवा दो। मैं भी फिर यहाँ एक पल भी नहीं रह सकती।'

सत्येंद्र अब वह पहले वाला सत्येंद्र न था। सरला के आदर का धन, खेल की चीज, शौक की वस्तु अन्यमनस्क, उच्चमना, सरल-हृदय, प्रफुल्ल, मुखयति व नलिनी का अनेक-अनेक जतन और अनेक क्लेश से मनका सा बना हुआ सत्येंद्रनाथ अब नहीं था। उसने भी अपनी छाती पर अब पत्थर रख लिया था। लाज, शरम, मान, अपमान, हिताहित ज्ञान सबकुछ उसने गँवा दिया था। उसने अपने-आप अनायास ही कहा, 'तुम्हारी जो तबीयत

हो, करो। जहाँ तबीयत हो चली जाओ। मैं अब उसे नहीं ला सकता।'

यह क्या? इसकी माँ को स्वप्न में भी ध्यान न था कि सत्येंद्र के मुँह से ऐसी बात निकलेगी! उसे यह उत्तर बेटे से सुनना पड़ेगा। रोती हुई वह वहाँ से तो चली गई। जाते हुए कहती गई, 'कुछ भी हो पर मेरी बहू कुलटा नहीं हो सकती। यह तुम सब अच्छी तरह समझ लो। गाँव वाले भी चाहे जो अफवाह उठावें, मैं उनकी बात पर कभी कान न दूँगी।'

फिर बुआजी ने सत्येंद्र को बुलाकर कहा, 'तुम्हारे किसी मित्र ने तुम्हारे लिए सौगात भेजी है। तुमने देखा या नहीं?'

सत्येंद्र ने सहज ही गरदन हिला दी, 'नहीं तो। किस मित्र ने?'

'मुझे भी नहीं मालूम? तो बैठो, कपड़े उठा लाऊँ।'

थोड़ी देर के बाद बुआजी एक गट्ठर कपड़े का ले आईं। अब सत्येंद्र को दिखाया। उसने देखा कि सभी कपड़े बहुत ही कीमती हैं। वह आश्चर्य के सागर में डूब गया। कौन मित्र भेज सकता है, यह सब? कौन है वह? एक बनारसी साड़ी अच्छी तरह उलट-पुलट कर देखा तो उसके छोर में एक गिरह थी, उसे खोला। कुछ बँधा था। खोलकर देखा। एक छोटी सी चिट्ठी थी।

फिर बुआजी ने सत्येंद्र को बुलाकर कहा, 'तुम्हारे किसी मित्र ने तुम्हारे लिए सौगात भेजी है। तुमने देखा या नहीं?'
सत्येंद्र ने सहज ही गरदन हिला दी, 'नहीं तो। किस मित्र ने?'
'मुझे भी नहीं मालूम? तो बैठो, कपड़े उठा लाऊँ।'

दस्तखत देखकर सत्येंद्र के माथे पर जैसे धौंकन लग गया।

लिखा था,

'बहन, स्नेह का यह उपहार वापस नहीं करना चाहिए। तुम्हारी बहन, जीजी ने भेजा है। अवश्य इसे स्वीकार करना।'

फिर,

उस सुहागरात की फूलों की सेज सत्येंद्र के लिए काँटों की सेज बन गई।

नौ

नरेंद्र की एक चिट्ठी

किसी युवक का अभिमान किसी बालक में देखा जा सकता है क्या? सत्येंद्र की तरह अभिमान करके इतना बड़ा अनर्थ करते हुए भी किसी बालक को कभी किसी ने नहीं देखा। बचपन में किताब हाथ में लेकर खेल करता था तो पिताजी ने उसकी सजा दी थी जो भोगी थी। सत्येंद्र नाथ! तुमने हृदय के साथ खेल किया है फिर उसकी सजा से क्यों डरते हो?

तुम लोग युवक हो न! सारा संसार ही तुम्हारे लिए सुख का, शांति का निकेतन है। मगर जरा यह तो बताओ कि तुम में से किसी को क्या कोई समय ऐसा नहीं लगा जब सचमुच ही अपने प्राण बोझ बन जाते हों? जब जीवन की हर नस शिथिल होकर ढलने लगी हो? अगर तुम्हारा अपना अनुभव न हो तो जरा सत्येंद्रनाथ का ही देखो। अगर उससे तुम्हें घृणा करने का जी चाहे तो खुलकर, आजादी से घृणा करो। हाँ घृणा ही करना, सहानुभूति न दिखाना। घृणा करोगे, कुछ होगा नहीं, कुछ कहेगा नहीं, दया न करना, नहीं तो मर जाएगा।

तुम लोग युवक हो न! सारा संसार ही तुम्हारे लिए सुख का, शांति का निकेतन है। मगर जरा यह तो बताओ कि तुम में से किसी को क्या कोई समय ऐसा नहीं लगा जब सचमुच ही अपने प्राण बोझ बन जाते हों?

और अगर पापी ही मर जाए तो प्रायश्चित कौन भोगेगा? सत्येंद्रनाथ के शांतिमय जीवन का एक-एक दिन भी एक-एक असह्य बोझ बनकर आता है। दिनभर घायल की तरह छटपटाने पर भी वह उस बोझ को नहीं उतार सकता।

कभी-कभी, रहकर, बीच-बीच में सत्येंद्र को लगता है कि मानो वह जीवन की अतीत बातें भूल गया है। हाँ, अगर भूला नहीं है तो सिर्फ यह बात कि उसकी प्यारी पत्नी नलिनी पबना में चरित्रहीन हुई थी और वह

अपने पति द्वारा त्याग दी गई है।

सत्येंद्र के तीसरे ब्याह को भी दो महीना बीत गए। आज अचानक सत्येंद्र को पत्र और एक छोटा सा पारसल मिला है।

पत्र नलिनी के भाई नरेंद्रनाथ का है, लिखा है,

सत्येंद्र बाबू,

बिल्कुल इच्छा न रहने पर भी आपको पत्र लिखने को विवश हुआ हूँ। सिर्फ अपनी प्राणाधिका बहन नलिनी के कारण। मरने के पहले उसने बहुत-बहुत आग्रह करके कहा था कि यह अँगूठी आपके पास फिर से भेज दी जाए। वही आपके नाम की अँगूठी वापस भेज रहा हूँ। मेरी स्वर्गीया बहन की इच्छा थी कि आप इसे अपनी नई पत्नी को पहना दें। आशा है कि उसकी यह अंतिम इच्छा पूरी होगी। और मरने के पहले वह आपसे बहुत-बहुत अननुय करके कह गई है कि उसकी छोटी बहन कष्ट न पाए।

—श्री नरेंद्रनाथ

पता नहीं सत्येंद्र को यह बात याद आई या नहीं कि जब नलिनी को एक पुत्र संतान हुई थी और मर गई थी तो सत्येंद्र ने यही अँगूठी उसे पहना दी थी।

× × ×

सत्येंद्रनाथ अब पबना में नहीं हैं। कारण क्या हुआ सो तो पता नहीं पर माताजी भी काशीवास न कर सकीं।

नई बहू का नाम है बिधु।

बिधु शायद पहले जन्म में नलिनी की बहन ही थी।

□□□

आचार्य चतुरसेन का साहित्य

भारतवर्ष की लोककथाएँ
अरुणाचल प्रदेश की लोककथाएँ
असम की लोककथाएँ
आंध्र प्रदेश की लोककथाएँ
ओडिशा की लोककथाएँ
कर्नाटक की लोककथाएँ
केरल की लोककथाएँ
छत्तीसगढ़ की लोककथाएँ
जम्मू–कश्मीर की लोककथाएँ
झारखंड की लोककथाएँ
पंजाब की लोककथाएँ
पश्चिम बंगाल की लोककथाएँ
बिहार की लोककथाएँ
महाराष्ट्र की लोककथाएँ
मिजोरम की लोककथाएँ
मेघालय की लोककथाएँ
गुजरात की लोककथाएँ
हिमाचल प्रदेश की लोककथाएँ
मणिपुर की लोककथाएँ
राजस्थान की लोककथाएँ
सिक्किम की लोककथाएँ
मध्य प्रदेश की लोककथाएँ
उत्तराखंड की लोककथाएँ
त्रिपुरा की लोककथाएँ
गोवा की लोककथाएँ
उत्तर प्रदेश की लोककथाएँ
तमिलनाडु की लोककथाएँ
हरियाणा की लोककथाएँ

'लोकप्रिय कहानियाँ' श्रृंखला के सम्मानित कथाकार

• अवध नारायण मुद्‌गल • अज्ञेय • आचार्य चतुरसेन • आनंद प्रकाश जैन • आर.के. नारायण • उर्मिला शिरीष • उषा किरण खान • ऋता शुक्ल • कमल कुमार • कमलेश्वर • कुसुम अंसल • कुसुम खेमानी • केशव • गंगाप्रसाद विमल • गिरिराज किशोर • गुरुदत्त • गोविंद मिश्र • चंद्रकांता • चित्रा मुद्‌गल • जयशंकर प्रसाद • जैनेंद्र कुमार • ज्योत्स्ना मिलन • दामोदर दत्त दीक्षित • देवेंद्र सत्यार्थी • धर्मवीर भारती • नरेंद्र कोहली • नासिरा शर्मा • निर्मल वर्मा • पद्‌मा सचदेव • पांडेय बेचन शर्मा 'उग्र' • प्रकाश मनु • प्रेमचंद • बलराम • बिमल मित्र • भगवान अटलानी • मनु शर्मा • मन्नू भंडारी • महीप सिंह • मालती जोशी • मीरा सीकरी • मृदुला गर्ग • मृदुला बिहारी • मृदुला सिन्हा • मेहरुन्निसा परवेज • रमेशचंद्र शाह • रमेश पोखरियाल 'निशंक' • रवींद्रनाथ टैगोर • रस्किन बॉण्ड • राजी सेठ • राजेंद्र मोहन भटनागर • राजेंद्र राव • रामदरश मिश्र • रामधारी सिंह दिवाकर • रूपसिंह चंदेल • विजयदान देथा • विद्या विंदु सिंह • विवेकी राय • विश्वंभरनाथ शर्मा कौशिक • विष्णु प्रभाकर • वृंदावनलाल वर्मा • शंकरदयाल सिंह • शरतचंद्र चटर्जी • शिवप्रसाद सिंह • शैलेश मटियानी • श्रीलाल शुक्ल • संतोष गोयल • सच्चिदानंद जोशी • सत्यजित रे • सिम्मी हर्षिता • सीतेश आलोक • सुधा मूर्ति • सुनीता जैन • सुभद्रा कुमारी चौहान • सुशील कुमार फुल्ल • सूर्यबाला • से.रा. यात्री • स्वयं प्रकाश • हिमांशु जोशी

विदेशी कथाकार

• आर्थर कॉनन डायल • ऑस्कर वाइल्ड • एच.जी. वेल्स • ओ. हेनरी • काफका • खलील जिब्रान • चार्ल्स डिकेंस • चेखव • जूल्स वर्न • जैन आस्टीन • डी.एच. लॉरेंस • थॉमस हार्डी • पर्ल बक • मार्क ट्वेन • मोपासाँ • रुडयार्ड किपलिंग • लियो टॉलस्टॉय • वाल्टर स्कॉट • शेक्सपीयर • शेरलॉक होम्स • साकी

भारतीय भाषाओं की कहानियाँ

• डोगरी-कश्मीरी • ओड़िया • कन्नड़ • गुजराती • तमिल • तेलुगु • पंजाबी • मराठी • मलयालम • असमीया • बांग्ला • सिंधी • कोंकणी • उर्दू

विदेशों की कहानियाँ

• अमेरिका • इंगलैंड • जर्मनी • फ्रांस • यूरोप • रूस • स्पेन